# ほんとはものすごい幕末幕府

消し去られた江戸幕末史と明治維新

野口武彦 著・監修
Takehiko Noguchi



実業之日本社

幕末の幕府

# 知られざる真実！

ダメダメだと思われがちですが……幕府はしっかりしていたんです。

真実1

## 徳川慶喜は、臆病な将軍ではなかった！

24ページへ

真実2

## 幕府の財源は、かなり潤沢だった！

30ページへ

桂や西郷が恐れていた
慶喜の才能

真実
3

海外の情報を逐一キャッチしていた！

41ページへ

真実
4

欧米列強と、しぶとく交渉をしていた！

106ページへ

交渉役として活躍した栗本鋤雲

真実
5

幕府軍の装備は古くさくなかった！

152ページへ

フランス式の軍制を取り入れた騎兵隊

PART 1

# すごい組織

## ～幕末幕府の体制～

PART2

# すごい人材

## 〜幕末幕府の閣僚〜

PART3

# すごい外交・軍備 ～幕末幕府の海防～

PART4

# そんな幕府が、なぜ滅亡したのか？

カバーデザイン・イラスト／杉本欣右
文／五十嵐綾子、大河内賢、
　近藤圭二（史誠会）、中村達彦
本文デザイン・図版・DTP／造事務所

プロローグ

# 異国人から見た徳川幕府

## ●徳川幕府の盛期と末期

歴史の時間はいつも同じ速さでは流れない。一国の盛期と末期では流速がちがうのだ。徳川幕府の場合もそうである。江戸時代の大部分の時期、人々はゆったりと流れる天下太平の時間に浸っていた。ところが、内外にさまざまな事件が立て続けに起こり、そうのんびりとしてばかりはいられなくなった。

盛時にはこの体制を永続させようとする配慮が、すべての場面で働く。が、条件が変われればそうした配慮がかえってアダになる。それが幕末である。

## ●幕末以前の訪日者

明治維新史観という言葉がある。幕府の政治は行きづまって失敗した。相対的にそれを打倒して新政府を樹立した薩摩や長州が正しく、そこから日本は近代化した、と。文字どおり「勝てば官軍、負ければ賊軍」だ。

明治以降の幕府に対する見方には、どうしてもこうした偏りが入ってしまう。公平を期するため、偏見を取り除いた視点で歴史を見ることが必要だ。そこで、第三者である異国人が見た幕末の様子を見てみよう。

まず、幕末はいつはじまったのか？　**一般的には、1853（嘉永6）年6月3日、アメリカの東インド艦隊司令長官マシュー・カルブレイス・ペリー率いる軍艦4隻、通称「黒船」が浦賀沖に出現したところが幕末のはじまりとされている。**

それ以前にも、正式に長崎の出島で貿易していたオランダと清以外の外国船が日本近海に出没していた。アメリカは鯨油を取るための捕鯨、ロシアは不凍港確保といった目的で日本近海に進出してきたのである。

外国に対し神経質となっていた幕府は、蝦夷地の北方警備に力を入れた。

1811（文化8）年、ロシアとの間で重大な事件が起こる。国後島を測量していたロシア船長ゴローニンが、箱館《はこだて》および松前に2年2カ月にわたって抑留された「ゴローニン事件」だ。のちにゴローニンは日本での抑留体験記『日本幽囚記』を出版。「日本人には剛毅、勇気が欠けている」と評し、さらに「それは幕府の長年の平和的統治の結果である」と記した。

また、ゴローニンは幕府の国民教育を賞賛している。他国と比較してもっとも教育の進んだ国民とし、文盲や法律を知らぬ日本人はいないとまで言い切っているのだ。

さらに、日本人は幼いときから、忍耐や質素、礼儀を教え込まれており、何度も実際に日本の行儀作法を体験する機会があったと高く評価していた。

軍事施設の稚拙さなどの点の指摘もあるが、当時の仮想敵国の軍人ゴローニンの目には、日本人と幕府が、他国と比較して優秀なものとして映っていたようだ。

その国民性については、ある種の「昭和っぽさ」が感じられるが、現代の日本人も外国人からこのように見られていると考えればよいだろう。

## ●ペリーが感じた日本人

さて、日本史の教科書に登場する黒船の人、つまりペリーは、当時の日本や幕府をどのように見ていたのだろうか?

そもそも**ペリー来日の目的は、当時のアメリカ大統領フィルモアの国書を幕府に受け取らせることであった**。国書には、アメリカが日本の宗教や政治に干渉しないことのほか、通商貿易、遭難者の保護、捕鯨船の薪水補給地の確保などの要求が記されていた。

ペリーは国書の受け渡しに成功し、翌年に再来航して、箱館と下田の開港および下田にアメリカ領事館を置く「日米和親条約」を結んだ。条約締結時に接触した役人について、ペリーは感想を述べている。

応対した浦賀奉行所与力の香山栄左衛門《かやまえいざえもん》は、艦上でもてなされた際、優雅なふるまいと教養高い言動でペリーを感嘆させた。栄左衛門は陽気な性格であり、船上パーティーの席ではシャンパンを飲むと愛想が良くなり、瞬く間にペリー一行と打ち解けた。そしてアメリカ人を敬慕していると告白し、別れの際は「とても悲しく涙を禁じ得ない」と言っていたと記している。

日本人の特性もペリーを驚かせた。それは地震により被害を受けた人々が落胆することなく、精力的に復興に取りかかっていたというのである。古来より自然災害の多い、日本列島の生み出した特質であろう。

また東洋諸国と比べた美点として、日本社会では女性が奴隷的立場でなく伴侶として認められていることをあげている。これはキリスト教国と同じ道徳観念がある文明国と認めていたということであろう。

幕府の役人たちのなかには、黒船の最先端技術に強い知的関心をしめす者もいた。その役人は蒸気機関や大砲から、ビールやワイン、食物から日常生活用品までつぶさに観察、記録した。その貪欲な好奇心にペリー一行も驚いたという。そして**ペリーは、日本人はきわめて器用で勤勉であり、開国により日本は世界でも指折りの工業国となるだろうと、幕末時点で予測していたのだ。**

栄左衛門ら幕府役人、一般の人々が与えた印象は、ペリー、そしてのちのアメリカ政府の幕府への対応に強く影響を与えたのは、疑いないことであろう。

## ●ペリーに影響を与えた「出島の3学者」

鎖国状態だった日本の状況は、ヨーロッパでも知られていた。長崎の出島に駐留したヨーロッパ人が情報の発信源となったからだ。ペリーの情報源も、彼らヨーロッパ人のもたらしたものに他ならない。

とくにドイツ人医師のケンペル、スウェーデン人医師のツュンベリー、ドイツ人医師のシーボルトの3名は、日本医学にも多大な影響を与え、それぞれが日本研究書を記述し、ヨーロッパに日本を広めた。彼らは現在「出島の三学者」と呼ばれている。

1690(元禄3)年に来日したケンペルは、著書『廻国奇観』で鎖国制度が日本を平和的で豊かにしていると、その政策を肯定している。また『江戸参府旅行日記』では、幕府の課したきびしい罰則のおかげで日本国内は極端に犯罪が少ないと記している。幕府の治安政策は理解され、のちに来日する外国人の多くが同じような感想をもち、評価も高かった。

ペリーの死後に出版された『日本誌』で「**日本にはふたりの主権者が存在している。天皇は宗教上の皇帝であり、将軍は政治の皇帝である**」と述べている。ヨーロッパにおけるローマ法王と国王の関係に似た政体システムを、ペリーは理解していた。だからこそ、大統領の国書を朝廷でなく、実質的な日本の統治機関たる幕府に渡したのである。

1775（安永4）年に長崎に来航したツュンベリーは、著書『ヨーロッパ、アフリカ、アジア旅行記』で「日本政府（幕府）は独裁的でもなく、また情実に傾いてもいない」と肯定的に評している。

シーボルトは1823（文政6）年から6年間、長崎に滞在し、私塾「鳴滝塾」で蘭学と医学を広めた。日本地図を持ち出そうとして国外追放となった「シーボルト事件」でも知られる。

三学者のほかにも、ペリーが出港する4カ月前、イギリス人地誌学者マクファーレンが『日本』という日本研究書をアメリカで出版している。著者は来日経験がないが、それまでの日本の情報をまとめて研究した。

そこには「アメリカの開国交渉は軍事力が背景となるだろう」と記されていた。その推測は黒船により的中する。欧米では日本の軍事力、政情などが研究され、開国させるための方策が導きだされていたのだ。

# PART 1

# すごい組織

## ～幕末幕府の体制～

# 幕府を中心とした盤石な「中央集権体制」
## ～幕藩体制の全容

関ケ原の戦いで勝利し幕府を開いた徳川家康は、西軍大名の土地を東軍大名に再分配した。その結果、全国の土地は皇室領や寺社領、旗本の知行地、そして天領（幕府直轄領）と藩（大名領）に再分割された。

幕府は各藩に領内の税率や法律を決めて統治させる権限を与えた。いうなれば、藩とは独立国家のようなものだ。そして、幕藩体制とは「幕府を頂点とし、それに藩が従属する中央集権的な支配体制」のことである。この体制は、家康・秀忠が枠組みをつくり、３代将軍徳川家光の代で完成された。

**幕藩体制下における最高権力者はもちろん征夷大将軍であり、その臣下に親藩と譜代大名、外様《とざま》大名、旗本や御家人《ごけにん》がいた。**

親藩は徳川一門の大名である。有名な尾張藩・紀州藩・水戸藩は御三家と呼ばれ、将軍家の世継ぎがいなくなった場合に備えられた。有名な8代将軍吉宗は紀州藩から出ている（ちなみに、御三家でもっとも格上とされた尾張藩からは将軍が出ていない）。さらに吉宗の子と孫の代に、分家として「田安家」「一橋《ひとつばし》家」「清水家」の御三卿が創設されている。この御三卿は藩組織をもっていなかった。

幕末の将軍のうち、13代将軍の家定には実子がおらず、14代の徳川家茂《いえもち》が紀州徳川家から迎えられた。15代徳川慶喜《よしのぶ》は、水戸徳川家から一橋家にいったん養子に入ったのち将軍となっている。維新後に徳川宗家の当主となった徳川家達《いえさと》は、田安家の出身である。

幕藩体制で、将軍家はもちろん、各藩がもっとも重要視したのは家の存続である。各藩は長子相続を基本としていたが、無事に成人まで成長できないこともあり、養子をとって存続させるケースがあった。

## ◆譜代と外様にある出世の壁

譜代大名は、関ケ原の戦い以前から徳川家に仕えてきた信頼厚い家臣である。その多くは五街道の要衝や江戸周辺を領地とし、老中など要職に就いて幕政に携わった。徳川四天王と呼ばれた彦根藩井伊家や庄内藩酒井家がこれにあたる。

幕末、井伊家は大老井伊直弼を輩出している。直弼の次に大老となった酒井忠績《ただしげ》は、庄内藩酒井家と遠縁の姫路藩酒井家の出である。譜代大名は分家が多く、他藩の養子に出されることが多かった。

**関ケ原以後に徳川家に仕えた外様大名は、基本的に幕府の重職には就けない。**薩摩の島津家や加賀の前田家、長州の毛利家など江戸から遠い藩は戦国時代の領地をそのまま引き継いだ。ただし、12代将軍家慶《いえよし》の時代、竜野藩主の脇坂安董《やすただ》は外様初の老中となった。脇坂家は、関ケ原の戦いで東軍に寝返った脇坂安治《やすはる》の家系である。本来なら老中になれないのだが、幕府に許可されて譜代扱いとなる「願い譜代」の適用を受けていた。安董の子の安宅《やすおり》も老中となり、井伊直弼を支えて外国事務を担当した。

## ◆旗本・御家人の出世競争

徳川将軍家の直属の家臣にも家格が決められている。1万石以上の知行をもつ者が大名で、それ以下の知行で将軍と謁見できる家格の者は旗本、できない者は御家人と呼ばれた。内政や外交に活躍した小栗忠順《おぐりただまさ》は旗本である。

旗本は三河以来の家来の血筋のほか、織田や武田、今川など戦国大名の子孫も多かった。その仕事は江戸城の警備や将軍の護衛をする「番方《ばんがた》」、大名や役人を監視する大目付や財政を管轄する勘定奉行などの文官の「役方《やくかた》」だ。

かたや御家人とは下級の武士であり、多くが知行地をもたず生活は困窮していたという。官吏として江戸時代の警察官といえる「同心」から、その最高位である幕府財政の監査を行

## 幕藩体制のしくみ

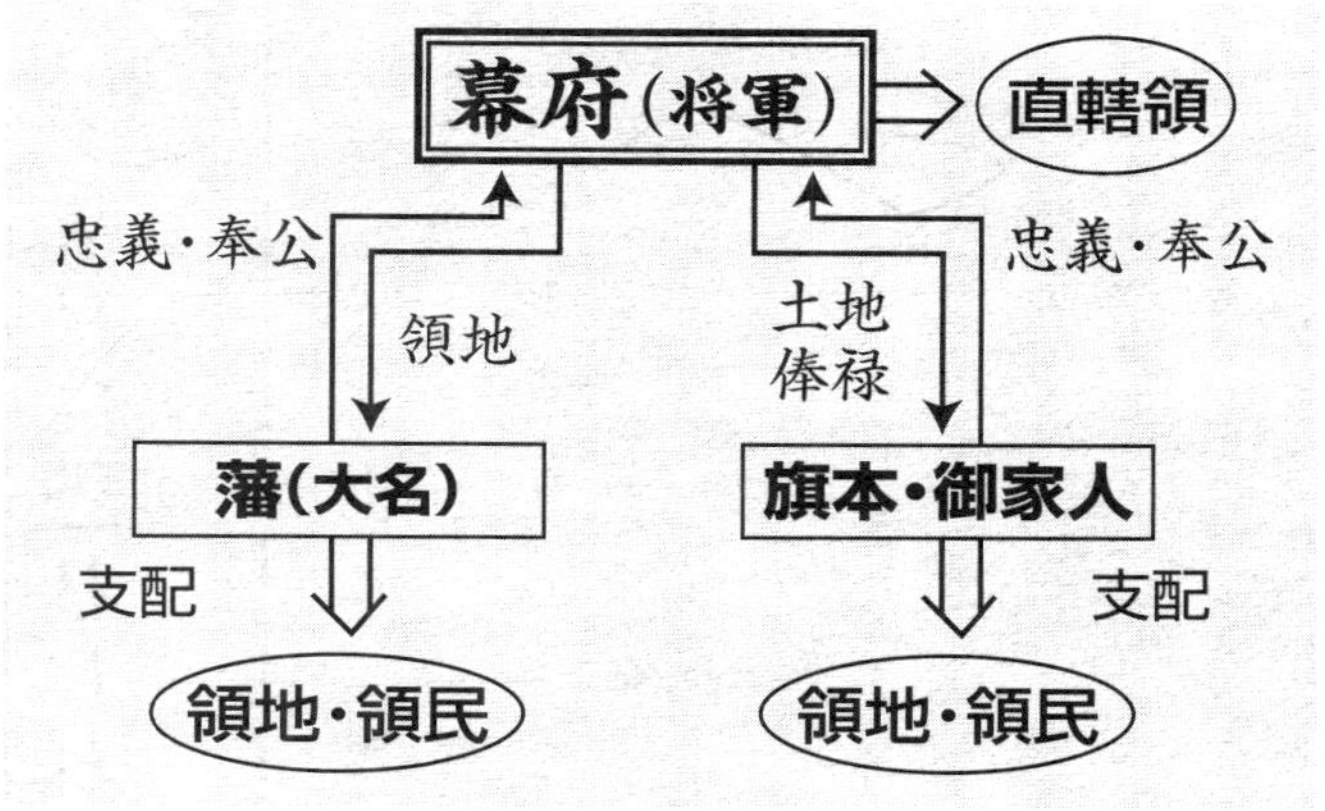


幕府は各藩の領地と自治（領国の支配）を認めるかわりに、命令に従わせた

なう「勘定吟味役」などに従事した。

幕藩体制下ではこうした身分(立場)によって職業が厳格に定められていた。そして江戸時代後期になると、「御家人株」がさかんに売買されるようになった。

裕福な商人や農民が困窮した御家人に金を払って養子となり、幕府に届けて武士になるケースもあった。

また、足高《たしたか》の制という登用のために石高を増やす制度もつくられた。願い譜代や御家人株の売買も、一見すると幕藩体制の基礎となる階級社会の崩壊のように見られる。

だが、一方で別階級からも有能な人材を幕政の要職や官吏などに引き上げることができる柔軟なシステムともいえる。

# 薩長に恐れられた「最後の将軍」の才覚
## ～徳川慶喜の真実

最後の将軍となった徳川慶喜の評価はふたつに分かれている。新政府軍との戦争を回避し江戸を戦火から救った名君、あるいは戦わずして戦場から逃げ出しのうのうと生き延びた暗君だ。ただし、慶喜が将軍を務めたのは1年に満たず、じつは幕閣として働いた時期のほうが長い。では、その実績を検証してみよう。

慶喜は、過激な尊王攘夷思想をもつ水戸藩主・徳川斉昭《なりあき》の七男として生まれた。もともと水戸徳川家には「けっして朝廷に弓を引いてはいけない」という遺訓があるほど、尊皇思想の強い家柄で、もちろん慶喜もその思想に染まっていた。

幼少期から聡明で知られた慶喜は、成長すると将軍を輩出する御三卿の一橋家に養子に入り、13代将軍徳川家定の後継者にも推された。推薦したのは、実父の斉昭のほかに薩摩藩主の島津斉彬《なりあきら》や土佐藩主の山内容堂《やまうちようどう》など。外様の大物たちは、慶喜を将軍に就けて幕政に参加しようと考えたのだ。

しかし、結局は大老井伊直弼らが推す紀州家の慶福《よしとみ》が将軍に選ばれ（家茂《いえもち》となる）、慶喜は将軍後見職に就いた。これは、若い将軍の補佐のために設立された役職だ。慶喜は京都でおもに朝廷工作に奔走したが、老中と対立して力を振るえず辞任する。ただしこの直後、信頼の厚かった孝明天皇から朝廷守護の総司令官である禁裏守衛総督《きんりしゅえいそうとく》に任ぜられた。

## ◆桂、西郷も恐れた慶喜の力量

1866(慶応2)年7月20日に家茂が大坂で薨去すると、同年12月5日に慶喜が15代将軍に就任した。政敵であった長州藩の桂小五郎(当時木戸を名乗っていた)は「朝政挽回の機を失い、幕府に先制されるようなことがあったら、まさに家康の再生を見るに等しい」と慶喜を高く評価していた。薩摩藩の西郷隆盛も「慶喜を滅ぼし、殺さぬ限り、明治天皇の将来は危うい」とのちに回想するなど慶喜の才覚を恐れていたふしがある。敵に警戒されたのだから、優秀であったことがわかる。

**将軍となった慶喜は、弱体化していた幕府を復活させるべく、フランスの力を借りながら幕政改革に乗り出した。**ブリュネなど軍事顧問を招聘《しょうへい》し、歩兵や騎兵、砲兵の西洋式軍隊を組織した。西洋にならった官僚制度を導入し、陸軍総裁や海軍総裁、国内事務総裁などの役職を創設し、老中による合議制からの機構改革を断行した。

経済面でも、新税導入や金融統制機関の設置などを計画している。さらに外交では実弟の昭武をパリ万博に送りこみ、欧州を視察させている。慶喜の動きを知った桂小五郎は、「幕府は衰運にあるどころか、むしろふたたび勃興すると思えるくらいだ」と驚愕を隠せなかった。

しかし、慶喜贔屓であった孝明天皇が崩御し、第二次長州征伐が失敗すると、幕府の屋台骨はボロボロになってしまう。そしてついに1867(慶応3)年10月14日、大政奉還に至った。じつは、これは慶喜の熟慮の末の決断であった。

実際、その後は慶喜の思惑どおり進んだ。いくら薩摩・長州藩が力をつけているといっても、政権を運営する力はない。朝廷は大政奉還の直後、当面の政治を慶喜に任せようとしたのだ。大政奉還は徳川を中心とする新体制への足がかりとなるはずであった。

ところが、西郷らは慶喜の裏をかいて王政復古の大号令を発し、幕府を廃絶に追い込む。慶喜には辞官納地を要求し、薩長を中心とした新政府を樹立した。これを不服とした旧幕府軍が京都に向け進攻して、戊辰戦争が勃発したのだ。

## ◆敵前逃亡の裏にあった真意

鳥羽・伏見の戦いがはじまったとき、慶喜は大坂城にいた。自身は天皇のいる京都へ進軍するつもりがなかったからだ。

しかし、薩摩・長州軍が朝廷から錦旗を賜り官軍となったことで、慶喜は賊軍の長となり朝敵と認定される。すかさず、大坂から江戸へ退却することを選択した。家訓に従った行動であったわけだ。ただ、この敵前逃亡は慶喜の評価を低くした。

慶喜は戦いの準備をしていた松平容保《かたもり》と定敬《さだあき》の兄弟を拉致同然につれ去る。**朝廷と戦えば徳川家が滅亡することは目に見えており、慶喜は徳川宗家を守ったわけだ。**

江戸に戻った慶喜は寛永寺で謹慎し、朝廷への恭順を示した。慶喜が抗戦していれば、江戸も戦場になっていた。

のちに謹慎の解けた慶喜は、旧幕臣と静岡に移った。このとき、旧幕臣の多くが同行している。敵前逃亡をした大将についていったのは時代の流れを読んだ慶喜を慕う、かつての旗本たちだった。彼らは牧之原台地を開墾し、茶を育てた。現在、国内生産量1位の静岡茶は、旧幕臣たちの尽力によるものだ。

**晩年の徳川慶喜**

政治に関心を示さなかった

慶喜は、後半生で政治との関わりを避け、狩猟や囲碁、浪曲などの多くの趣味を楽しんだ。その後、巣鴨に移住して明治天皇に謁見するなど、最後までそのスタンスは変わらなかったのである。最後の将軍として相続した徳川幕府をみずから瓦解させることで、近代日本の道を開いた慶喜の功罪については今も評価が定まらない。

## 幕末期の合理的な「政策決定システム」～政治のしくみと流れ

幕府の最高権力者たる将軍は、人事権や政策の最終決定権を握っていた。その下で老中（臨時の場合は大老）が政権を担い、日々のまつりごとが行なわれた。老中は、現代でいうところの国務大臣に近いかもしれない。そのうちの「老中首座」がいわば総理大臣かつ国会議長かつ裁判所長官で、その権限は行政のみならず、立法や司法におよんでいる。将軍は、老中たちが決定した政策を承認するという立場であった。

**老中の定員は通常４、５人で、２万５０００石以上15万石までの小中規模の譜代大名から任命され、各奉行所や所司代などを管轄し、重要な政策については話し合って決定した。**複数としたのは権力集中を防ぐためである。

重要な政策決定のケース以外は「月番制」と呼ばれ、月ごとにひとりの老中が中心となって政治を行なった。室町幕府には将軍を助ける複数の管領がいたが、対立して幕府の弱体化を招いたことから、老中を月番制として対立構造に陥らないようにしたのだ。

また、石高の低い大名から老中を選ぶことで、謀反を起こさせなかった。権限を与えるも独走できないようなシステムが、幕府の統治を安定させたといえる。

大老は、臨時に設けられる最高職である。定員はひとりであり、江戸時代を通じてわずか10人しかいない。その職務は老中を指揮監督して将軍を補佐すること。権限は老中よりも大きく、政策決定においては、将軍の意見も参考程度として大老みずからが決裁できたという。まさに、井伊直弼のイメージにぴったりである。

さて、老中の下には補佐官として若年寄が設置された。譜代大名から選ばれ、定員は4名。老中と同じく権力の集中を避けるために月番制となっており、旗本を管理する役目もあった。この若年寄から老中に昇格するのが定番の出世コースだ。若年寄は配下の勘定奉行や町奉行、大目付に政策を実行させている。

ただし、幕末に外国船が出現するようになると、老中の阿部正弘が薩摩藩主の島津斉彬や水戸藩主の徳川斉昭を幕政に参加させる改革を行ない、意見を求めた。阿部の死後、大老となった井伊直弼は朝廷の許しをえずに外国と通商条約を結び、この政策に批判的な徳川斉昭らを「安政の大獄」で弾圧した。直弼の殺害後、将軍後見職や政事総裁職などがあらたにつくられ、幕府中枢に老中とは別の政策決定機関が誕生する。

さらに、慶喜が新将軍になると、老中制とは別機構で5人の専任総裁が政策を決定する体制が敷かれた。急造とはいえ時流に合わせた政策決定システムがつくられていたのだ。

# 安定した統治を支えた「強固な法律」～武家諸法度の実態

幕末、全国には276の藩が存在した。そのなかで城をもつ大名は158、城をもたないながら同様の格式をもった城主格の大名が18であった。

これらの藩はそれぞれ独自の法令や軍隊をもつ小さな国家であった。現代でいえば、連邦制をとるアメリカやドイツに似ているだろう。連邦制では各州が強い権限を有し、独自の法や軍を持ちながら、共通の利害に関わる外交や財政などは中央政府が担う。同様に、地方の独立国家である藩を、中央政府の幕府が法で統制していたのだ。現代の日本のように、地方政府の権限が中央政府から委任されたものに限定されるわけではなかった。

全国の藩を統制するために幕府が定めた法令が「武家諸法度《ぶけしょはっと》」である。1615（元和元）年に2代将軍徳川秀忠の名前で徳川家康が発布した全13条（元和令）をはじめとする。3代将軍徳川家光が全19条（寛永令）に改定し、8代将軍徳川吉宗まで、ほぼ将軍の代替わりごとに改定されていった。幕末までずっと、この法令が藩を縛ったのである。

武家諸法度は、経済的にも軍事的にも各藩に力をつけさせないように考えられていた。

代表的なものは、大名が領地と江戸とで1年（例外あり）おきに勤務させる「参勤交代」の強制だ。参勤交代は、多くの家臣を引き連れて動くため、費用がかかった。

また、幕府への謀反を防ぐため、城の新築や幕府が許可しない城の改築・修理を禁じている。軍船に転用できる500石積み以上の大型船の建造も禁じられた。事実上、遠洋航海ができなくなるため、キリスト教の禁止とともに鎖国政策につながっていった。また、藩主は幕府の許可なく婚姻することを禁止された。

**武家諸法度には、「なにごとも幕府の決めた掟のとおり従わなければいけない」と明記されていた。**幕府の命令は絶対であり、破った藩には改易や減封の罰が待っていたのだ。

## ◆潤沢だった幕府の財源

幕府は参勤交代などで各藩の財政を圧迫し、生かさず殺さずの状態にすることで謀反を予防したのである。結果、幕府の財政だけが潤い、圧倒的な経済力を背景とする磐石の統制につながった。

さらに金銀が採掘される佐渡などの鉱山は幕府の直轄地（天領）となり、莫大な収益を生み出していた。佐渡金山では、幕末までに41トンもの金が採掘され、財政を支えていた。佐渡や飛騨、甲斐は藩が置かれていたこともあるが、鉱山があったため一国まるごと天領

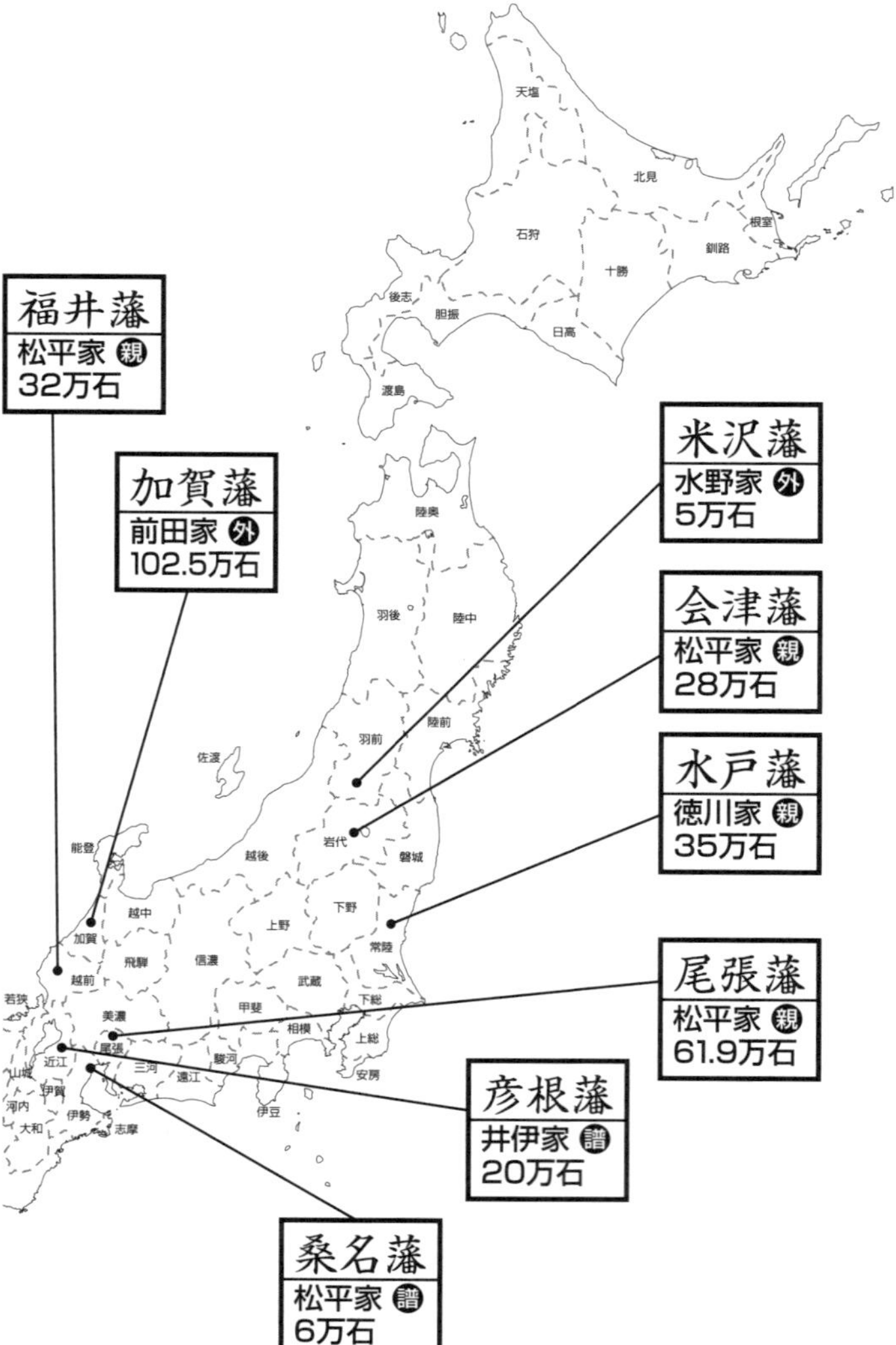
福井藩
松平家 親
32万石
加賀藩
前田家 外
102.5万石
米沢藩
水野家 外
5万石
会津藩
松平家 親
28万石
水戸藩
徳川家 親
35万石
尾張藩
松平家 親
61.9万石
彦根藩
井伊家 譜
20万石
桑名藩
松平家 譜
6万石
天塩
北見
石狩
根室
釧路
十勝
後志
胆振
日高
渡島
陸奥
羽後
陸中
羽前
陸前
佐渡
岩代
能登
越後
磐城
越中
下野
上野
加賀
常陸
飛騨
信濃
越前
武蔵
若狭
下総
美濃
甲斐
相模
上総
尾張
近江
駿河
三河
安房
山城
遠江
伊賀
河内
伊勢
伊豆
大和
志摩

## おもな藩とその領国

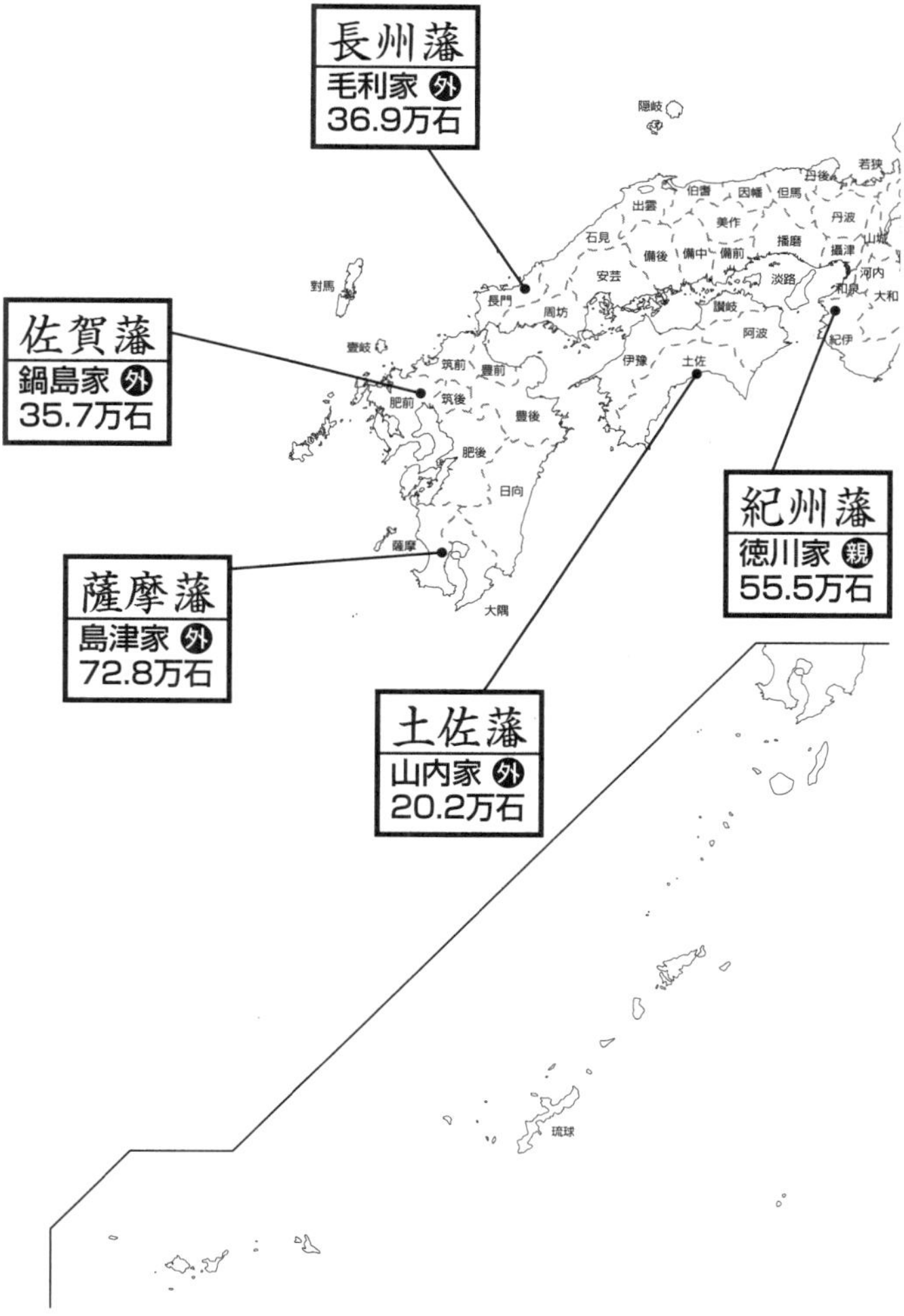
長州藩
毛利家 外
36.9万石
佐賀藩
鍋島家 外
35.7万石
薩摩藩
島津家 外
72.8万石
土佐藩
山内家 外
20.2万石
紀州藩
徳川家 親
55.5万石
隠岐
若狭
丹後
伯耆
因幡
但馬
出雲
丹波
美作
石見
播磨
山城
備後
備中
備前
摂津
安芸
淡路
河内
対馬
長門
周防
和泉
讃岐
大和
阿波
紀伊
壱岐
筑前
豊前
伊予
土佐
肥前
筑後
豊後
肥後
日向
薩摩
大隅
琉球

となった。

そのほかにも繁栄していた京都や大坂、海外との交易地の長崎などの重要地は天領とされた。関東周辺の多くも天領であり、江戸の防衛ラインとしての役目を受けもった。なお、幕末にはこの天領から渋沢栄一や近藤勇などの幕臣が出ている。

京都や大坂などには奉行所が置かれた。長崎奉行所は、海外貿易の管理や海外の情報の収集の他に、九州の大名の動向を監視する目的があった。さらに京都には奉行所の上部組織として京都所司代が置かれ、都の治安維持、朝廷や公家、西国の大名を監視していた。ただ、幕末になると京都所司代の力は衰え、新たに京都守護職が創設されて松平容保が就任。治安維持を担当した。

1855(安政2)年には北方防衛のため、蝦夷地が松前藩の支配から外れ、一時的であるが天領となったこともあった。

天領の合計石高は400万石を超え、全国の総石高数約2300万石の17%ほどにあたる。倒幕の中心となった薩摩藩と長州藩の実質石高を合わせても250万石程度だった。さらに各藩には石高に応じて、幕府関係の城郭や河川を整備する「御手伝普請《おてつだいぶしん》」や一定量の兵馬を常備させる「軍役《ぐんえき》」の義務を負わせ、財政を削っていた。つねに資金不足の各藩が、潤沢な資金のある幕府を倒すことは困難であったのだ。

## ◆幕府が各藩に下した罰

藩主が武家諸法度を破った場合、幕府から改易や減封などの処分がくだされた。改易とは領地没収のことである。家の取り潰しとほぼ同義であるため、有力な外様大名はなにより改易を恐れ、幕府の命令に逆らうことができなかった。

また、幕府はたびたび領地を替える国替え（転封《てんぽう》）を行なった。罰としての減封だけでなく、賞与としての加増の場合もあったが、国替えにはお金がかかるため、結果的に大名たちの力を削ぐことにつながった。ちなみに、江戸時代の改易理由の多くは武家諸法度違反ではなく、継嗣不在であった。**武家諸法度の違反による取り潰しが少なかったということは、こうした幕府の統制がうまく機能し、幕政が安定していたことの証拠でもある。**

ただし、江戸時代後期になると、幕府の統制力に翳《かげ》りが見えはじめた。天保の改革を主導した老中水野忠邦《ただくに》は、1840（天保11）年に武蔵川越藩主松平斉典《まつだいらなりつね》と出羽庄内藩主酒井忠器《ただかた》、越後長岡藩主牧野忠雅《ただまさ》の三藩をそれぞれ転封させようとした。

困窮していた川越藩が11代将軍家斉の子を養子にしていたこともあり、豊かな庄内への転封を願い出たためだ。

願いを認めた幕府は、川越藩→庄内藩→長岡藩という具合に転封しようとした（三方領知替え）。しかし、実質上の減封である忠器および藩主を慕う庄内藩領民が反対運動を起こし、さらに諸大名からも不満の声が上がったため、実現しなかった。

それでも幕府が諸藩を従える力は十分に残っていた。1864（元治元）年、長州藩が禁門の変で京都御所に向けて発砲し朝敵と認定された際、幕府は処罰のために薩摩藩を主軸に西国諸藩を大坂に集めた。第一次長州征伐である。

この出兵は戦闘以前に、長州藩の降伏という形で終わった。戦費のかかる出兵に西国諸藩は乗り気でなかったが、それでもこの時点では幕府は長州藩を屈服、統制できるだけの兵力を動員できたのである。

なお、幕府軍参謀の西郷隆盛は、当初は長州藩を撃滅させる気であったが、のちに処分を藩主の謝罪や3家老の切腹など軽いものとし、長州藩の温存を考えた。

これも事前に幕臣の勝海舟が隆盛に、公武合体政策の限界とあらたに雄藩連合による政権樹立構想を聞かせていたからである。この会談がなければ、長州藩は弱体化し、明治維新の方向性はちがっていただろう。諸藩への統制力は衰えてきていたが、幕府には海舟のような広い視野をもつ人材がまだまだ多くいたのである。

## 悪くなかった「有力大名との関係」
### ～実力者の活用

家康・秀忠が基礎を築いた幕藩体制は長く安定し、18世紀までは大きな問題が起こらなかった。しかし、外国船が近海に現われるようになると、幕府のやり方に異議を唱える藩主が出てきた。その筆頭は、水戸藩主の徳川斉昭である。過激な尊王攘夷論者であったため、開国派である大老・井伊直弼と対立したのだ。

幕府が朝廷の勅許なく日米修好通商条約を結んだ際（「遺勅調印」）、斉昭は慶喜や尾張藩主の徳川慶勝《よしかつ》、福井藩主松平慶永らと江戸城に向かい、直弼を詰問（「不時登城」）した。無断で登城することは許されないので、斉昭は江戸の水戸屋敷で謹慎を命じられる。斉昭、慶勝、慶永は幕政から遠ざけられてしまった。

一方、**幕府の言うことを聞いたのは、意外にも外様大名であった。**しかものちに倒幕の中心となった薩摩藩である。第一次長州征伐あたりまで、薩摩藩は幕府の命令に従っているし、当時の藩主島津忠義《ただよし》とその父・久光は、幕府の推し進める公武合体に同調している。藩内の尊王攘夷派を寺田屋で粛清し、第一次長州征伐には西郷隆盛が参謀として参加している。

同じくのちに倒幕勢力となる土佐藩は、藩主の山内容堂が藩内で尊王を唱える土佐勤皇党を弾圧した。大政奉還後も慶喜を弁護するなど、土佐藩のモットーとは異なる動きをしている。そう考えると、思想的な対立が遠因とはいえ、幕末は有力な一門が反発し有力な外様が従うという奇妙なマダラ状態であった。

なお、わざわざ脱藩して新政府軍と戦った藩主もいる。請西藩《じょうざい》の林忠崇《ただたか》だ。戊辰戦争が勃発すると譜代であった請西藩は、幕府を見限る藩が続出した房総地域で唯一佐幕派として官軍に抵抗した。ただ、京都にいる家臣が忠崇の上洛と朝廷への恭順を進言すると、藩論が割れてしまう。旧幕府軍に助力を求められ、共闘を決断した忠崇は家臣や領民に迷惑をかけず自由に戦うために脱藩し、70名あまりの藩士とともに旧幕府軍遊撃隊に参加。一時的に箱根関を占拠したが、新政府軍の攻勢により退去した。

続いて林は榎本武揚の旧幕府艦隊に乗り込み会津、仙台などを転戦したが敗北。土方歳三《ひじかたとしぞう》と北へ向かおうとしていたところで仙台藩に説得され、新政府軍に投降した。東京で禁錮の身となり所領は没収、請西藩も廃藩となった。

のちに禁錮が解かれた忠崇は華族(男爵)となる。1941(昭和16)年に都内のアパートで94歳の長寿をまっとうした。日本最後の大名とされている。

## 「大御所」が深めた諸藩との結びつき〜婚姻による統制

東京都文京区にある東京大学の入り口のひとつに、朱色の門がある。いわゆる赤門だ。江戸時代後半、加賀100万石の前田家が11代将軍徳川家斉《いえなり》の姫を正室で迎え入れるにあたり、加賀屋敷内に建てた御殿の正門が由来である。

前田家は、江戸時代はじめから徳川将軍家と婚姻関係をくり返し、結びつきが深かった。幕末の加賀藩は、幕府寄りの姿勢を示していた。

**幕府は武家諸法度において、大名同士の結婚に幕府の許可をえなければいけないと規制を設けたが、一方、徳川将軍家の娘を各地の有力大名に嫁がせてきた。**

とくに家斉は、将軍職の期間が50年以上と歴代将軍のなかでもっとも長く、多くの側室を設けたことでも知られている。子の数は52名にのぼり、「オットセイ公方」とも呼ばれた。

前田家に嫁いだ娘以外にも、御三家の尾張藩、水戸藩、紀州藩、親藩の福井藩、会津藩、高松藩、外様の広島藩、徳島藩、鳥取藩といった各地の有力大名に娘が嫁いでいる。幕末に活躍した佐賀藩32万石の第10代藩主鍋島直正の正室もそのひとりである。また長州藩も

## 徳川家斉

治世は50年以上におよんだ

12代藩主毛利斉広《なりとう》に家斉の娘が嫁いでいるが早くに亡くなった。また家斉の正室は、薩摩藩主第8代藩主島津重豪《しげひで》の娘である。

このように幕末には、有力大名の多くが徳川家と親戚関係を結んでいた。将軍の娘が嫁入りすることで、大名家は多くの出費を強いられたが、将軍の娘の嫁ぎ先であることから幕府から加増などの援助を受けられる、幕政に関与できるなどの優遇措置を受けられた。

また徳川家の親藩・譜代の大名たちも、家同士の結びつきを深めるために、婚姻関係をくり返してきた。

幕末、彦根藩主である大老の井伊直弼は水戸藩の分家にあたる四国の高松藩に娘を嫁がせている。条約改正の問題で、高松藩は水戸藩と対立関係にあり、直弼と強固な関係を結ぶための婚姻であった。ちなみに桜田門外の変により、直弼の娘は高松藩に累がおよぶことを防ぐため、夫と離縁させられたが、明治時代に入ってから復縁している。

婚姻政策は、多くの有力な大名と親戚関係を結び、幕府の傘下に取り込みやすくした。また徳川家の血筋を残すことでも、かなりの成果をあげたといえる。

## 「4つの窓口」からもたらされた海外情報
### ～国外情報の収集

江戸時代といえば、鎖国のせいで海外の情報がなかなか手に入りにくかったのではという誤解が、いまだ一部にある。実際はそうではなく、幕府は、できる限りの手を尽くしていた。長崎ではオランダや中国と交易をしていたほか、蝦夷地ではアイヌと交易をしていた。さらに対馬は朝鮮、薩摩は琉球と交流があった。

つまり、**幕府は長崎口・対馬口・薩摩口・蝦夷口、これら4つの窓口を確保し、海外の情報収集に努めていた**のだ。

幕府は、これらの窓口から入ってきた情報を相互に比較検討し、最善と思われる対外政策を決定していた。ほかにも、潜入した宣教師や外国から帰還した漂流民からえた海外の情報も役立ったにちがいない。

### ◆世界の情報をもたらした「オランダ風説書」

4つの窓口のうち最大の情報量を誇ったのは長崎、つまり出島だ。オランダと中国がと

## 出島の様子を示す地図

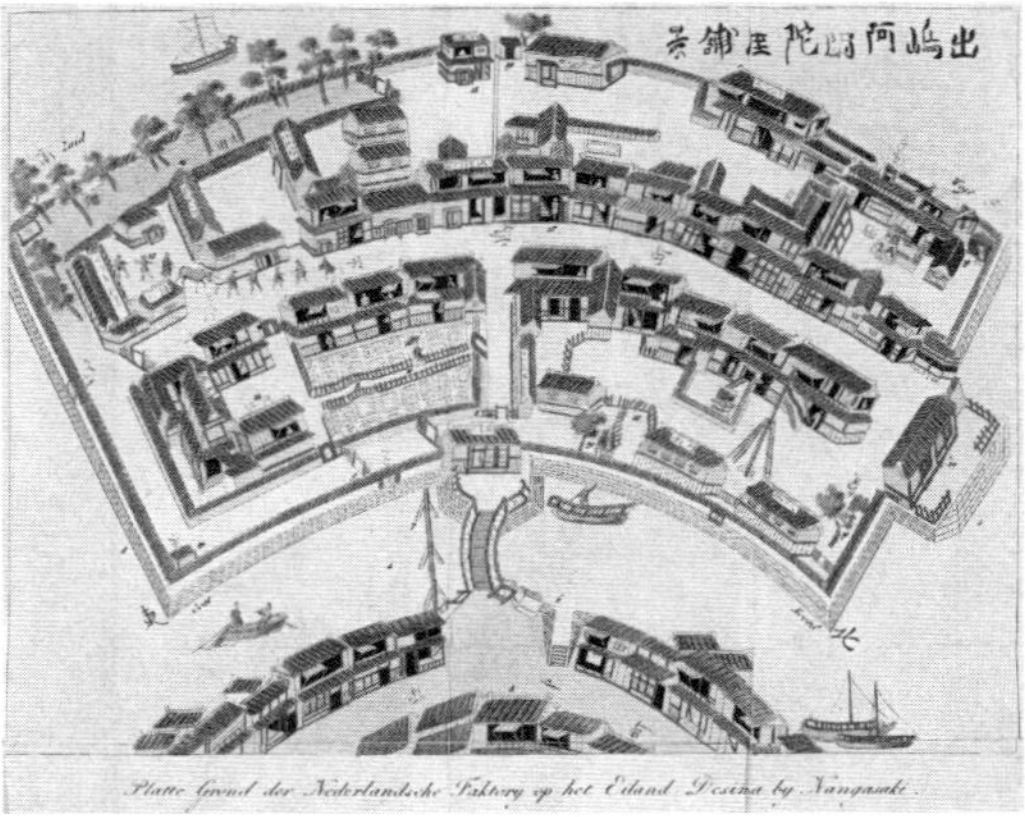


西洋と日本をつなぐ唯一の窓口として機能した

もに幕府に情報を提供し続けていた。オランダからは『オランダ風説書《ふうせつがき》』によって情報がもたらされていた。「風説」とは噂という意味だ。

幕府は、たとえ噂話に過ぎないことであっても、知りえた情報をできる限り伝えるようにオランダ人に依頼していたのだ。「風説書」というネーミングからも、幕府が貪欲に海外の情報を欲していたことがうかがえる。

「オランダ風説書」の情報源は、商館長、船長、新任の商館員らだ。内容は、オランダの情報ではなく、オランダ人が持ってきた情報という点が特徴だ。つまり、ヨーロッパや東南アジアだけではなく、アフリカにまで内容がおよんでいたが、もっとも重要視されたのは、もちろん日本に直接関わりのある情報だった。ただし、ナポレオンに占領されたことを隠すなど、オランダは自国に不利な情報を伝えないという姿勢をとっていた。

オランダ商館長は、新任のたびに江戸への参府が義務づけられていたが、道中のヨーロッパ人を見ることで、日本人が西洋世界の存在を実感できた貴重な機会にもなった。

中国の船「唐船」がもたらした情報は「唐船風説書」あるいは「唐風説書」にまとめられたが、オランダとは違い、その船が出港、あるいは、寄港してきた場所についての情報に留まっていたという特徴がある。

オランダ人や中国人がもたらした情報は、通詞が日本語に翻訳したが、金銭などを提供することによって、九州諸藩は通詞からも海外の情報を入手していた。**また、「オランダ風説書」「唐船風説書」とも、元来、一部の人しか見る機会のないはずのものだったが、有識者の間ではかなり読まれていたものと考えられている。**

海外の情報入手源としては、江戸時代、12回におよんだ朝鮮通信使の江戸参府も見逃せない。琉球からも、慶賀使、あるいは、謝恩使と呼ぶ使節が18回江戸に参府した。朝鮮と琉球は中国の朝貢国《ちょうこうこく》だったため、両国を通じて幕府は中国の情報を入手していたが、特に幕府は、琉球を中国情報の入手源として重視していた。

## ◆浅野内匠頭は好色だった？

では幕府は、国内の情報をどうやって入手していたのだろうか。1690（元禄3）年に編纂された『土芥寇讎記《どかいこうしゅうき》』という全43巻にもおよぶ記録がある。これは、全国の諸大名243名について、その人柄や行跡などを列挙し、儒教の立場から論評した調査書だ。

「忠臣蔵」で知られる浅野内匠頭については、好色で昼夜を問わず女性とたわむれており、藩政は家老に任せっぱなしだと書かれていることから、幕府が内密に内偵を調査した報告書ではないかといわれているくらいだ。『土芥寇讎記』に代表されるように、**幕府は、御庭番などを全国に放って、絶えず諸藩の動きにこと細かく目を光らせていたにちがいない。**

19世紀に入り、東アジアの海に蒸気船が姿を現わすようになると、帆船と違って季節風を待つことなく、一年中、いつでも船を動かすことが可能になったこともあり、海外の情報が飛躍的に入りやすくなってきた。

さらに幕末になり、ペリー来航によって日本が長崎以外にも外国船に門戸を開くようになると、長く海外の貴重な情報をもたらしてくれていた「4つの窓口」の時代も、ついに終わりを迎えることになった。

# 優秀な人材が配置された「主要ポスト」～閣僚たちの職務

通常の幕政は老中とその補佐である若年寄により決定され、その管轄下の幕臣により運営された。幕臣の職務はいろいろあったが、大きく分けて老中と若年寄の下で動いていた。老中の管轄下にあった職務は多く、どれも重職である。三奉行といわれる「町奉行」「寺社奉行」「勘定奉行」をはじめ、「大目付」や「京都所司代」「城代」「遠国奉行《おんごく》」などだ。

町奉行は、江戸の行政や司法を担っていた。寺社奉行とは神社や寺院、神主、僧を管理していた役職である。勘定奉行は直轄地である天領に郡代や代官を置いて支配し、幕府財政を管理した。寺社奉行には譜代大名、町奉行と勘定奉行には旗本が任命されたため、寺社奉行が三奉行の筆頭であった。大目付は、旗本や大名を監視・監督する職務である。老中の管轄下でありながら、老中も監視する特別な権限をもっていた。

**毎月2日、12日、22日には、老中と大目付、三奉行が江戸城の一室で会合を行ない、各役職の管轄の打ち合わせをしたり、訴訟や民事、刑事事件を裁いたりした。**

京都所司代は、京都の警備や朝廷、公家の監視をしていた。幕府が直接管理した大坂城、駿府城には城代が置かれた。大坂城代は将軍直属であり、西日本の大名の監視の役目があった。

遠国奉行は天領の行政、治安維持を担っていた。幕末の時点で長崎や伏見、奈良、伊勢山田、日光、堺、佐渡、浦賀、下田、新潟、箱館、神奈川、兵庫に置かれ、京都や大坂、駿府には江戸のように町奉行があった。とくに長崎奉行は遠国奉行の首座であり、貿易や国外情報も管理した。また近隣の筑前福岡藩や佐賀藩で事件が起これば、鎮定を指揮する権限ももっていたという。

一方で若年寄の管轄下であったのは、「目付」や「書院番頭《しょいんばんがしら》」「小姓組頭《こしょうくみがしら》」である。目付は、旗本や御家人を監視、監督する役職だ。書院番は将軍の親衛隊、小姓組は将軍の警護や雑務を行なう旗本から構成される、同じような働きの組織だ。

内乱などの緊急時には、老中の上に大老が置かれ、老中の指揮監督が任される。

## ◆安政時代に設置された職務

幕末となり、外国船が来航するようになると、既存の幕府組織では対応が困難となり、島津久光や朝廷からの圧力もあり、変革が迫られた。**そこで幕府は次々と新職務を創設し、優秀な人材を登用した。**

## 幕府のおもな役職と関係

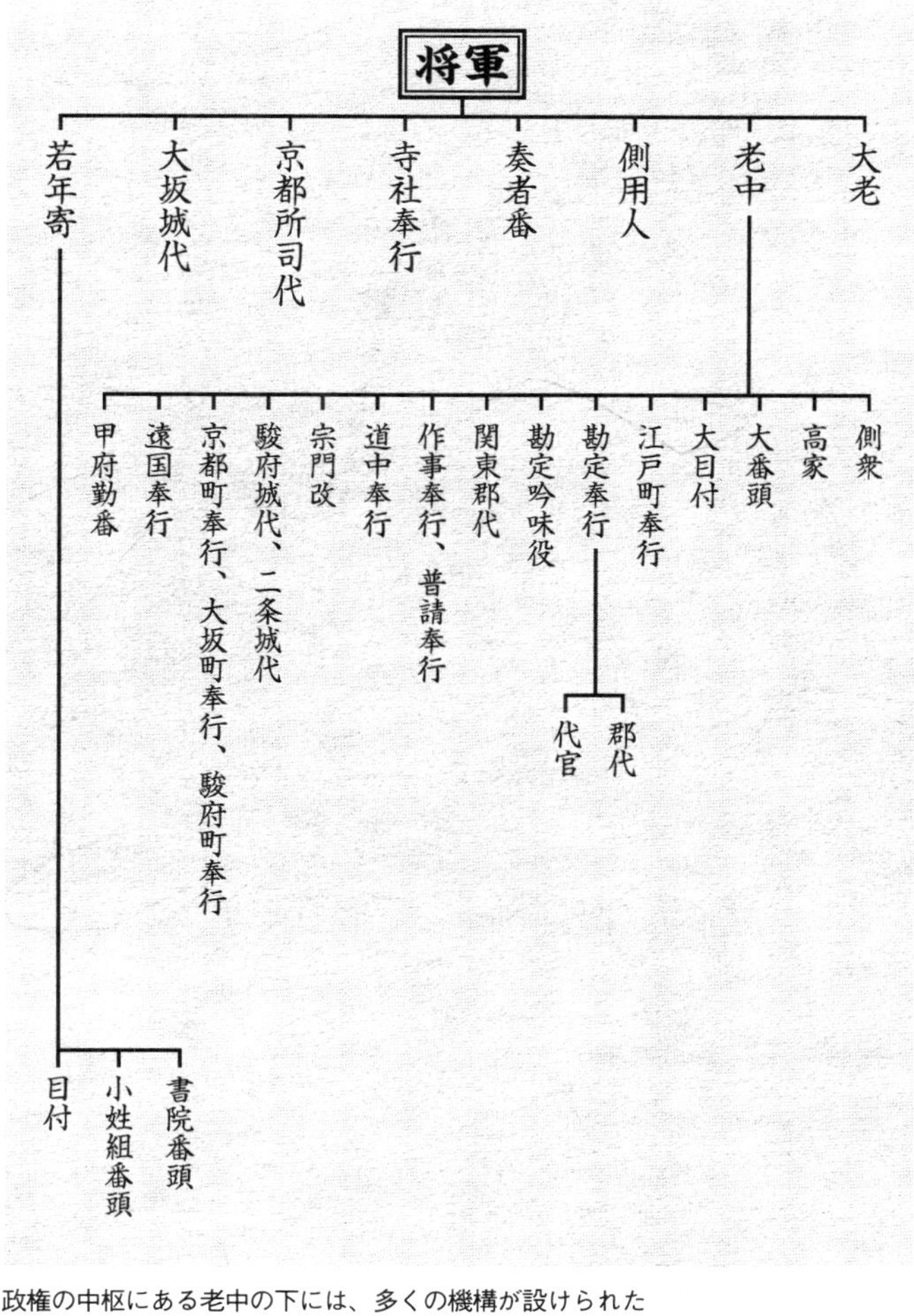


政権の中枢にある老中の下には、多くの機構が設けられた

たとえばあらたな主要ポストとしては、将軍直属の職務として大老相当の権力をもつ「政事総裁職」、14代将軍家茂を補佐する「将軍後見職」、京都所司代の上部職として京都の治安回復や西国の動勢を担当する「京都守護職」が置かれた。**政事総裁職には松平慶永（のちの春嶽）が就き、将軍後見職には田安慶頼《よしより》のあと一橋（徳川）慶喜が就任した。**京都守護職には松平容保が就任する。

慶永は改革に着手する（文久の改革）。まず参勤交代制度の緩和をした。原則1年ごとの参勤交代を3年ごとに改めた。この緩和により薩摩藩は参勤交代費用を削って、倒幕のための力を蓄えることができたという。さらに洋学研究を推奨し、明治時代に大臣となる西《にし》周《あまね》をオランダに留学させたりした。

また、洋式の陸・海軍を整備するために「陸軍総裁職」「海軍総裁職」を新設する。老中の管轄下に「外国奉行」を新設し、外国との交渉に当たらせた。若年寄の管轄下には、海軍士官養成所の長「軍艦操練所頭取」、武芸や兵術を訓練する機関の長「講武所調物頭取」といった役職がつくられ軍備増強に動いた。

欧米の脅威に対抗するために、幕府は重要な職務をどんどん新設し、外交や軍事に力を入れていったのである。

## ◆最後の将軍の組織改革

徳川慶喜が15代将軍に就任すると、フランス公使ロッシュの助言もあって再度、幕藩体制の改革が行なわれた。

それまでの老中合議制は廃止され、あらたに「五局制」が設けられた。これは老中から5名の事務総裁を選び、それぞれが「内国」「会計」「外国」「陸軍」「海軍」の5局を、責任をもって担当するというものであった。以前よりも合理的かつ専門的な体制が築かれたのだ。

さらに経費節減と組織の効率化の観点から、役人のリストラや配置換え、兼任の奨励、畳奉行や材木石奉行など実態のともなわないムダなポストは廃止された。このあたりの機構改革は、迅速かつ的確であった。

ほかにも慶喜は、島津久光などの有力諸侯を京都に呼び寄せ、今後の国の方針について話し合おうとした。結局、実現しなかったが旧来の幕府の独裁的な支配体制ではなく、全国の有力諸侯との協議を重要視する慶喜の改革姿勢がみえる。

こうした組織改革で生まれ変わった幕府であったが、薩摩藩や長州藩の間でできあがっていた構想に遅れをとってしまった。

# 有能な幕臣の育成と抜擢のしくみ ～老中への道

将軍を補佐する老中への道は長くきびしいものだった。その出世ルートを見てみよう。まず、江戸城内での将軍への取次ぎや儀式を行なう奏者番に任命される。同役は1万石以上の譜代大名から選出され、定員は20～30人と比較的多かったが、滞りなく職務を遂行するためには抜群の記憶力や知識が必要とされた。

将軍や幕閣の前で、ちょっとしたミスも許されない気の抜けないきびしい職務でもあった。この奏者番を無事に務めあげた者だけが将軍や幕閣、大名たちに好印象を与え、出世コースに踏み出せるのだ。このあと、若年寄になるのが最短コースだが、この役は3～6人と限られる。

そもそも大名として自藩の経営で実績を上げるなどのむずかしい条件も必要とされた。多くは京都所司代や寺社奉行といったキャリアを重ねて、ようやく老中への道が開ける。**老中就任は早くても40代で、いくつもの要職を重ねて経験を積む必要があったのだ。**

## ◆若手、外様大名からも老中に

8代将軍徳川吉宗の孫にあたる松平定信は、11代将軍家斉の時代、白河藩の内政に成功した手腕を買われ、奏者番などを経ずして老中に任命された。異例の人事である。

定信は改革に取り組み、その一環として賄賂がまかり通る幕府の綱紀粛正に努めた。各方面に多額の賄賂を贈り、寺社奉行から一気に老中に昇進したとされる阿部正倫《まさとも》を叱責して辞任へ追いやっている。

このころから、老中職への昇進条件はいくらか緩和され、脇坂安董のように外様大名からも老中に昇進する者が現われている。

**松平定信**

切れ者として手腕を振るった

また、天保の改革の最中の1841(天保12)年には、松代藩真田家の8代藩主真田幸貫《ゆきつら》が3年にわたって老中を務めた。藩祖の信之は徳川家康の股肱の臣である本多忠勝の娘を正妻としており、徳川家に忠義を尽くしたことで知られている。幸貫自身は松平定信の長男で、養子として真田家に入っていた。

老中の水野忠邦は、定信の長男を取り込むことで改革をより迅速に進めようと考えていたふしがある。同じく忠邦に抜擢された人材で、その代表格といえるのが阿部正弘（71ページ）だ。有能な正弘は12代将軍家慶に認められ、じつに25歳という若さにして老中へ昇進した。

## ◆最後まで幕府に尽くした老中

14年にわたって幕政を主導し、忠邦の失脚や外国船来航などの難局にあたった阿部正弘のあと、彦根藩藩主の井伊直弼が藩政改革で実績をあげ、また正弘の開国路線を支持したことが評価され、大老に就任している。

**松平定昭**

維新後に松山藩知事となった

直弼の死後、文久の政治改革によって政治機構は大きく変わり、老中の権限は低下したが、以後も徳川譜代の大名家で西洋化に理解のある者が老中に就任している。

そのなかには、最後まで幕府のために尽くした者もいた。１８６７（慶応3）年に23歳の若さで老中に就任した松山藩主松平定昭《さだあき》は、戊辰戦争を戦った。滅び去る幕府に捧げられた老中の、最後の職務だった。

# 江戸・京・大坂の「治安維持システム」〜主要都市の奉行所

江戸の治安を守る役職は町奉行だ。時代劇のイメージから奉行所は警察署や裁判所のようなイメージがあるだろうが、実際には行政庁としての役割もある。1631（寛永8）年に御番所として、常盤橋門内と呉服橋門内に設置され、のちに北町奉行所と南町奉行所に改められた。月交代で南北の奉行所が政務にあたっている。時代劇に出てくる「大岡越前」は南町奉行、「遠山の金さん」は北町奉行、南町奉行を務めた。

**町奉行は3千石以上の旗本から選任された。配下に与力や同心がつき、奉行の指示に従った。**このうち与力は150石以上で、事務や現場の指揮をした。与力の下につく同心は30俵2人扶持の下級武士で、犯罪者の捕縛や風紀取り締まりにあたった。

両奉行所で合わせて与力が50人、同心が200〜240人である。同心は日本橋近くの八丁堀に住まいがあったことから、「八丁堀の旦那」と呼ばれた。

幕府は、1683（天和3）年に犯罪取り締まり専門の火付盗賊改めを新設している。新組織の与力・同心は合わせて数十人もいた。この責任者となった中山勘解由《かげゆ》は、強力な機動力と警察権をもって犯罪者を捕縛した。疑わしいと思ったら容赦なく過酷な取り調べを実施し、犯罪を減少させた。同心は捜査や捕縛に御用聞き(岡っ引)を使った。彼らは同心を補佐し、取り締まりにあたった。

諸説あるが、江戸時代半ばには犯罪が激減し、殺人も年に1件程度しか発生しなかったという。しかしその後、天災などで地方の人々が江戸などへ流れ込んだことや、風紀の乱れから治安はふたたび悪化した。放火など凶悪な犯罪が増えて奉行所の手に負えなくなってしまった。

また、**犯罪に対する刑罰は、何度かの改正を経たのち、享保の改革で「公事方御定書《くじかたおさだめがき》」として正式に法典として定められた。**ここで、放火や10両以上の窃盗については死罪に相当するなどのルールが決まった。江戸近隣の村や町でも博徒や浪人の犯罪が急増したが、幕府直轄地の天領や旗本や寺院の私領が入り混じっていたため、取り締まりが困難だった。そこで幕府は、関東各地を巡回し、強い権限をもたせて治安維持に務める関東取締出役、通称「八州廻り」を1805(文化2)年に新設した。

この少し前には、火付盗賊改の時代劇「鬼平犯科帳《おにへいはんかちょう》」で知られる長谷川平蔵が、人足寄場の設置を老中松平定信に認めさせている。江戸の石川島にある3万坪の土地に無宿人や軽犯罪者を収容し市井の人間として更正させるもので、当時としては画期的な政策だ。

## 江戸の地図

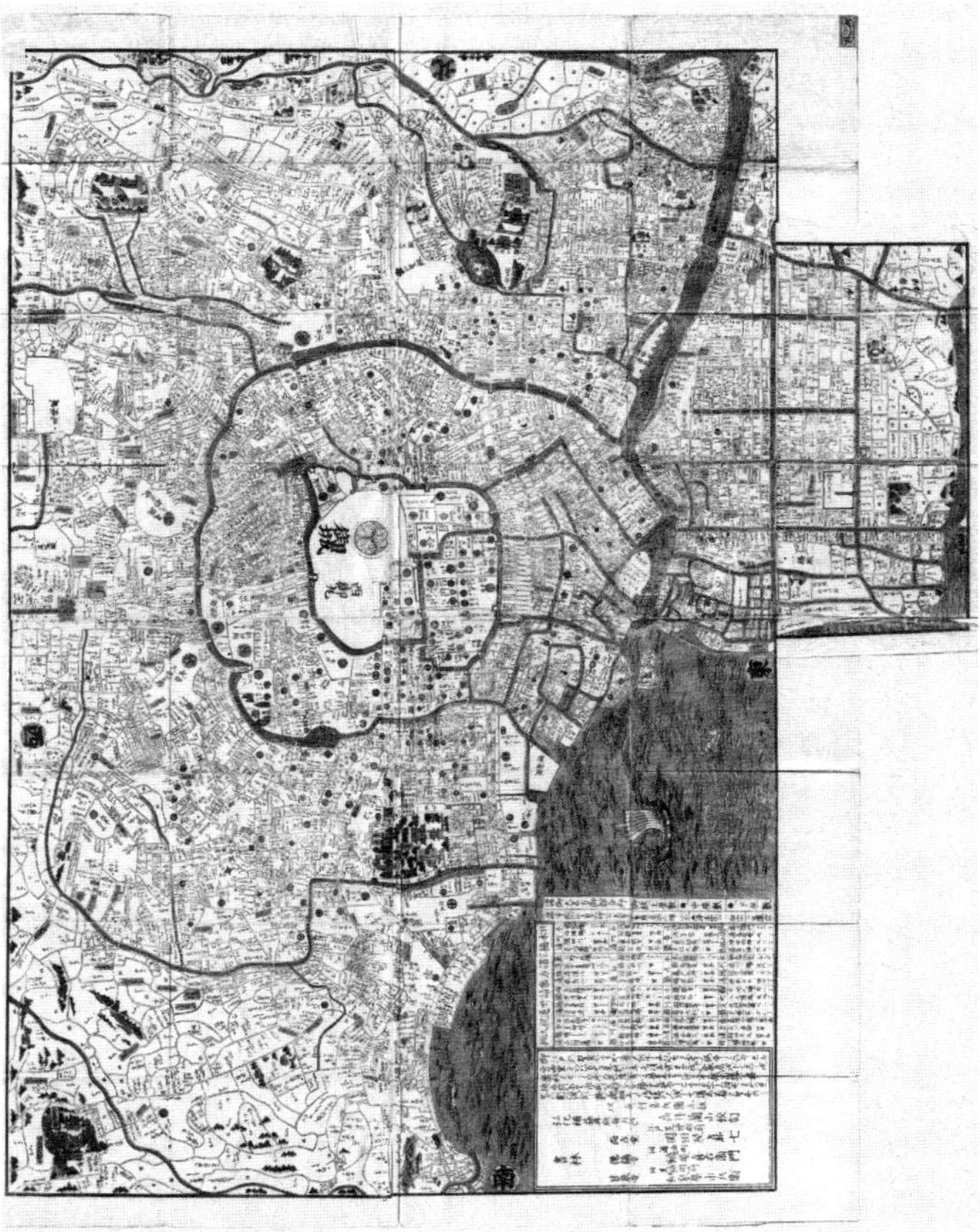

弘化年間（1844 ～ 1848 年）ごろの江戸の地図。城の南方、外堀沿いに現在は残っていない「ため池」が存在している

## ◆大塩の乱を鎮圧した大坂奉行所

多くの物資が集積し「天下の台所」と呼ばれた大坂をはじめ12カ所の幕府直轄地にも奉行所が設けられた。これを遠国奉行という。

大坂奉行所は東西に分かれ、同心・与力の数は江戸にくらべて少なかったが、治安を守り続けた。さらに、奉行所とは別に大坂城には西国大名を監視するための大坂城代（「西の公方」と称される）が置かれ、譜代大名が任命された。

大坂においても江戸時代後半に入ると、貧窮する庶民による一揆や打ちこわしが続発した。そして1837（天保7）年には、大塩平八郎の乱が勃発する。

東町奉行与力の職にあった大塩平八郎は、飢饉に苦しむ市井の人々を救済せず、商人と組んで私服を肥やす役人に失望し、反乱を決行したのだ。300人ほどが加担し、大坂の町を焼き払うなどの暴挙に出たが、大坂奉行所は1日でこれを鎮圧している。

## ◆京都に睨みをきかせた新選組

京都の二条城には、江戸時代はじめから朝廷の警護と監視を主任務とする京都所司代が設置された。その配下に東西両奉行所が置かれ、京都を中心とする近畿一円の政務や治安

## 大坂の地図

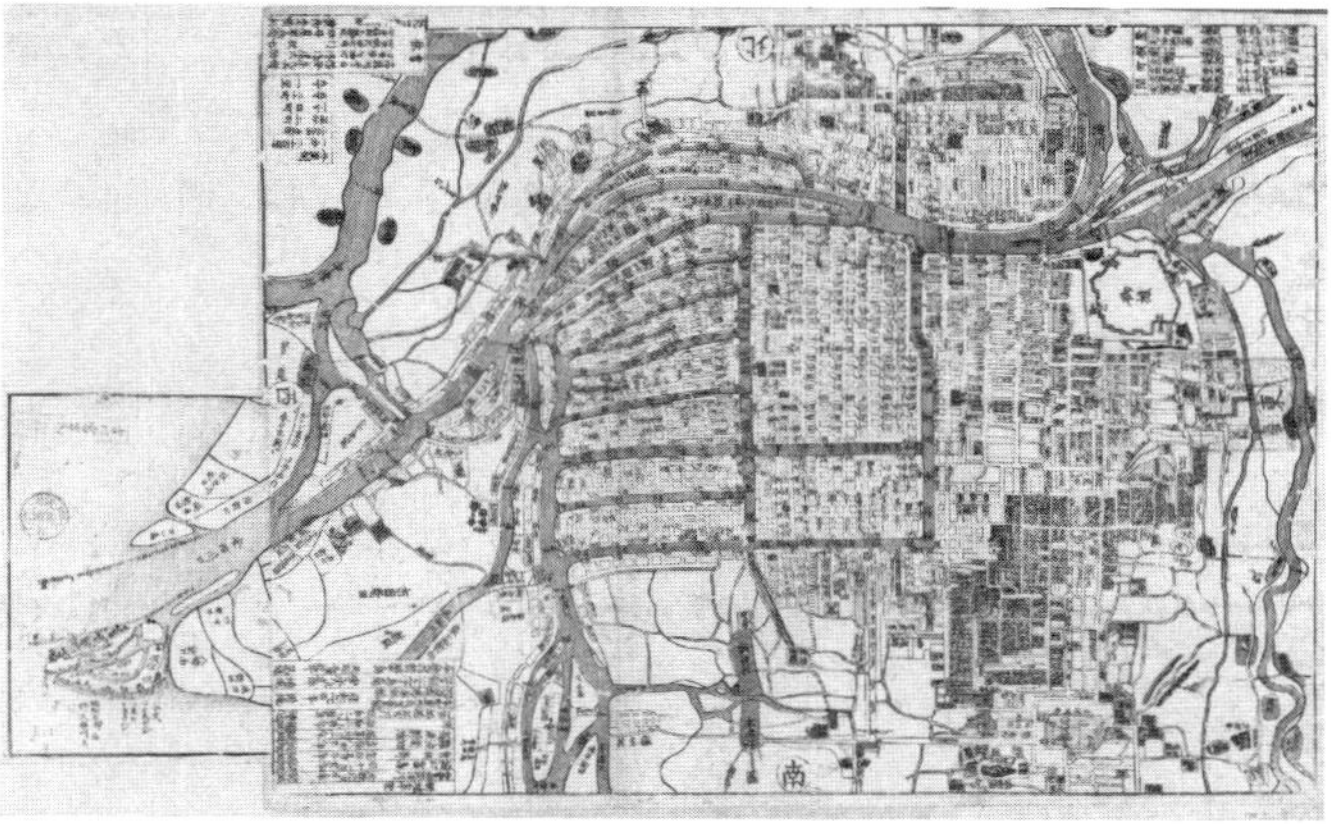

1845（弘化２）年ごろの大坂の地図。掘割（水路）が見られる

維持にあたった。さらに京都の入口にあたる伏見にも町奉行が設置されている。

それでも、幕末には外国との条約調印、和宮降嫁など、朝廷がからんだ事件が続いた。入京した尊王攘夷を唱える志士たちは、「浮浪」と呼ばれた。

暗殺事件や強盗事件が多発したため、京都所司代や京都奉行所も手に負えなくなってしまう。そのため、軍事的な権限をもって京都や大坂を中心に畿内全域の治安維持に務める京都守護職が１８６２（文久２）年に新設された。この大役を担ったのが松平容保である。

翌年、江戸では上洛する将軍警護を名目とした警備隊が浪士組の名前で組織された。これは浪人の雇用促進策でもあり、予定の50人を大きく上回る234人が集まった。

ただ、京都へ着いたあと浪士組結成を提案した清河八郎は、朝廷から勅許をもらったと称して尊王攘夷の尖兵として朝廷に従うことを一方的に宣言してしまう。困っていよく利用された幕府は、浪士組が江戸へ戻ってくると清河を暗殺し、浪士たちを譜代の庄内藩に預けて江戸の警護に従事させた。

なお、浪士組のうち清河に異を唱えた近藤勇などは京都に残り、京都守護職の指揮下で新選組を結成し、尊王攘夷志士の取り締まりや町の警護に従事している。

**新選組は敵味方の犠牲をいとわない取り締まりを旨とし、志士を殺害もしくは捕縛した。最大200人あまりの一大組織として機能している。**

ほかにも、おもに二条城など要所の警備にあたった組織に京都見廻組《みまわりぐみ》がある。こちらは旗本、御家人の出身者で占められ、清河八郎を暗殺した佐々木只三郎《ただざぶろう》も加わっている。1864(元治元)年に結成され、同年の禁門の変にも出動した。

なお、志士取り締まりは新選組などにすべてゆだねられていたわけではなく、京都奉行所や伏見奉行所も取り締まりに従事した。1866(慶応2)年の寺田屋事件などで知られる。治安維持という意味では、江戸や大坂では奉行所がかなり機能しており、京都にしても、志士たちの取り締まりという意味では京都守護職を筆頭に機能していたといえる。

## 京の地図

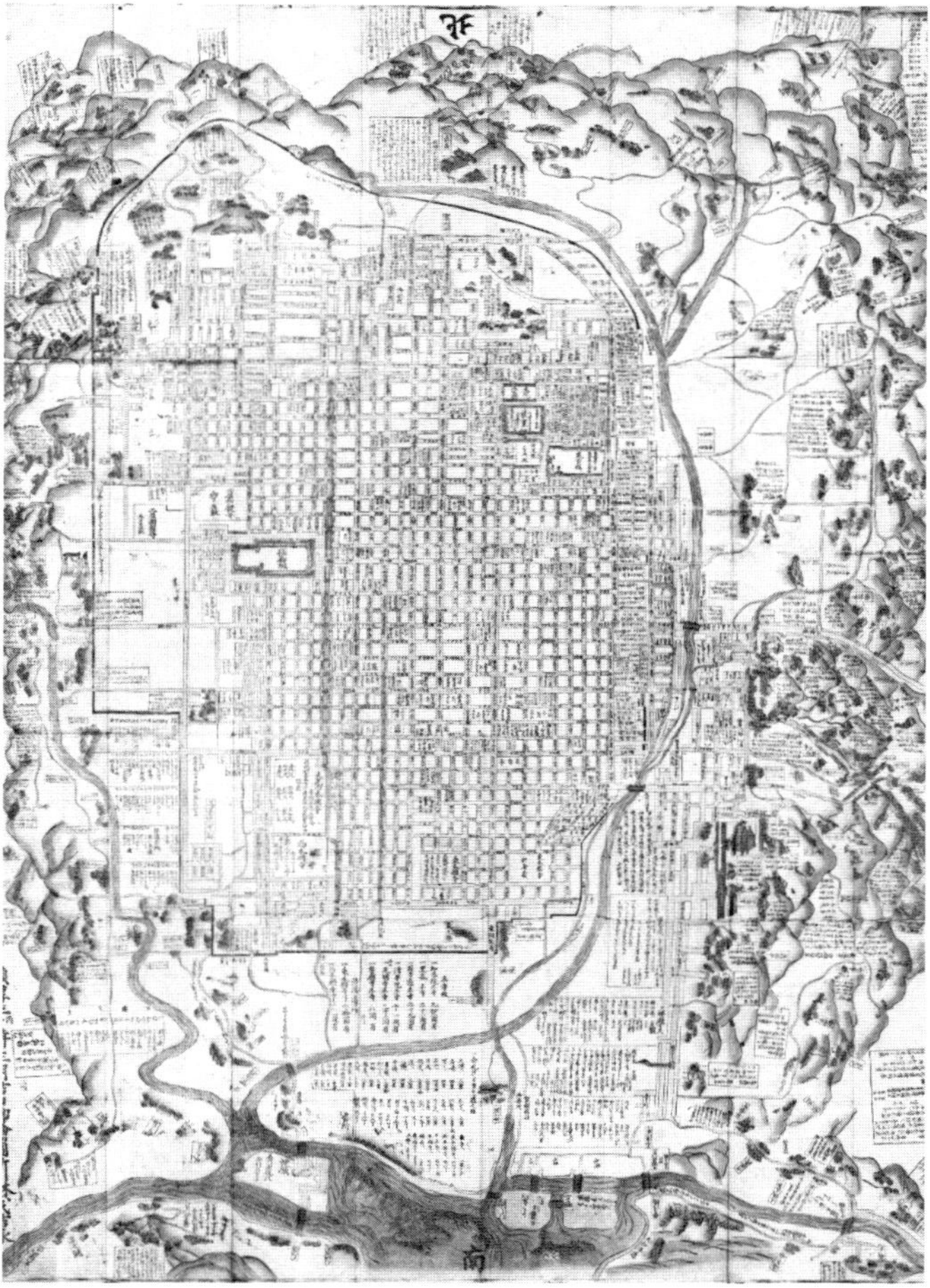

1833（天保４）年ごろの京都の地図。現在の区画とさほど変わらない

# 絶妙な距離感を保った「朝廷対策」 ～天皇や公家との関係

江戸時代の幕府の朝廷対策といえば、だれもが「禁中並《きんちゅうならびに》公家《くげ》諸法度《しょはっと》」を思い浮かべるだろう。しかしじつは、「禁中並公家諸法度」の前に、「公家衆法度」と「勅許紫衣《ちょっきょしえ》の法度」が発布されている。まずは、このふたつから見ていこう。

「公家衆法度」と「勅許紫衣の法度」は、１６１３（慶長18）年の同日に発布された。「公家衆法度」のほうは、公家は家々の学問にのみ励むことと規定している。また「勅許紫衣の法度」は、大徳寺・妙心寺・知恩寺・知恩院・浄華院《じょうけいん》・泉涌寺《せんにゅうじ》・粟生光明寺《あおうこうみょうじ》の7カ寺の住持職については、勅許を下す前に幕府に届けろというものだ。大徳寺と妙心寺は臨済宗、知恩寺・知恩院・浄華院・粟生光明寺は浄土宗、泉涌寺は天皇家の菩提寺といった位置づけの寺院。つまり、朝廷が自由に住持職を命じることができないということだ。

**この「公家衆法度」と「勅許紫衣の法度」を前提として、１６１５（元和元）年、「禁中並公家諸法度」が発布された。**「禁中並公家諸法度」は、17カ条からなり、天皇や公家がなすべきことを細かく挙げており、以下のような幕府の意図を読み取ることができる。

幕府は、天皇に対しては学問・和歌・有職故実に励むように求め、武家の官位は公家の官位とは別物だとした。これは、武家が官位の上昇を熱望するあまり、朝廷と直接結びつくことを防止する狙いがあったのではないだろうか。

## ◆幕府の法度の優位性を明示した紫衣事件

1627（寛永4）年、一般に紫衣事件と呼ばれる朝廷と幕府間の緊張関係が高まる事件が起こった。時の後水尾《ごみずのお》天皇が、これまでの慣例どおり、幕府に相談なく十数人の僧侶に高位の僧の証である紫衣着用の勅許を与えたのだ。

これを知った幕府は、事前に勅許の相談がなかったことを「禁中並公家諸法度」に違反しているとして、多くの勅許状の無効を宣言し、朝廷や有力な寺院をねじ伏せようとした。対応については幕府内でも意見の対立があったが、結果として、沢庵漬けにその名前を残す沢庵などの大徳寺と妙心寺の僧4名が東北に流罪となった。

幕府の狙いは明らかだ。ひとつは大徳寺と妙

**後水尾天皇**

圧力を強める幕府に反発した

心寺を屈服させたかったのだろう。さらに、幕府の法度と勅許が抵触した場合、幕府の法度の優位性を高らかに宣言する意図もあったと見られている。

## ◆公家自身と武家で二重に朝廷を統制

朝廷を統制する仕組みは、二重に設けられていた。ひとつは、関白などの摂家と武家伝奏を通して朝廷を統制するという、公家によって公家を制するもの。もうひとつは、京都所司代や禁裏付といった、幕府派遣の武士が直接目を光らせるというものだ。

公家による統制だが、「公家衆法度」と「禁中並公家諸法度」によって、摂家は、幕府から公家を統制する権限が与えられた。

しかし、実際に動くのは武家伝奏だ。武家伝奏は、家康が将軍に任じられた1603（慶長8）年2月に広橋兼勝《ひろはしかねかつ》と勧修寺光豊《かじゅうじみつとよ》が任じられたのをはじめとして、つねに2名が任命され、役料も幕府から支給された。

武家伝奏の日常的な役目としては、幕府と朝廷との儀礼上の交渉役であり、幕府の触れを公家に伝えた。また逆に、公家から幕府への願いなどを伝えることなどが挙げられる。

そのほか、朝廷と幕府との間で大きな問題が生じた場合などは関白と協議を重ね、京都所司代と折衝するという重要な役目も負っていた。

このように、武家伝奏は多くの役割を負っていたこともあって、1686（貞享3）年、武家伝奏を補佐する役として議奏が置かれた。役料は、やはり幕府から支給された。

次に、**幕府派遣の武士が直接朝廷に目を光らせていた件だが、朝廷の外側からと内側からのふたつに分けられる。**朝廷の外側からの統制としては、京都所司代が挙げられる。

京都所司代は、武家伝奏をほぼ毎日呼んで幕府と朝廷との交渉を行なった。朝廷の内側からの統制としては、禁裏付《きんりづき》が挙げられる。

禁裏付は、2名が月番交代で務めた。月番は、京都所司代や武家伝奏の指示を受け、毎日参内して公家を監督したり禁裏の経費の決済などを行なったりするほか、禁裏諸門の管理をも担当した。

こういった幕府による朝廷対策は、1867（慶応3）年の王政復古の大号令まで続いた。

# 幕府を最後まで支えた「大奥の女傑たち」
## ～男子禁制の場所

江戸城内で将軍の御台所や側室、子どもが暮らしていた空間、これが大奥だ。多くの将軍後継者が誕生し育成された、実質男子禁制の世界である。

江戸城本丸御殿は大きく３つに分かれ、政務の場を「表向《おもてむき》」、将軍の居室を「中奥」「大奥」といった。本丸御殿の広さは約３万６０００平方メートルあり、総白木造りの豪華な建物であった。その４割が表向と中奥で、残り６割を大奥が占めていた。

大奥には、将軍の正室で大奥の最高権力者である御台所の下に、40もの身分に区分された女中がいた。最盛期には総勢１０００人の女中がいたが、幕末には４００人にまで減っている。といっても、すべてが将軍の愛人ではない。将軍の相手となるのは「中臈《ちゅうろう》」という身分までで、多くの女中は将軍や御台所の世話係だった。

中臈がめでたく将軍の子を出産すると「側室」の身分となり、男子を産めば「お部屋様」と呼ばれた。生まれた男子が将軍になれば、「将軍生母」として大奥内での発言力が高まるというシステムはよく知られている。

なお、御伽の際、将軍と中臈との会話はすべて同室する女中によって記録されていた。これは、寵愛を受けている中臈が、将軍に不当な利益を要求することを防ぐためだという。

それでも**大奥の幹部女中は、その性質上、将軍後継者問題に介入できる立場にあったので、諸大名や商人から賄賂を受け取ることもあり、懐を肥やすことができた。**

## ◆江戸を救った女たち

幕末、大奥にいたふたりの御台所が徳川家の滅亡を防いだ。13代将軍徳川家定の正室である天璋院篤姫《てんしょういんあつひめ》と、14代将軍徳川家茂の正室である静寛院宮《せいかんいんのみや》(和宮)である。

天璋院は薩摩藩の島津家の分家に生まれ、一橋(徳川)慶喜を将軍にしようした島津斉彬により13代将軍の御台所となった。だが、堅苦しい慶喜を嫌った大奥の力もあり、紀州藩主徳川慶福(家茂)が将軍となる。

一方の和宮は孝明天皇の異母妹であった。幕府の進める公武合体政策で、家茂の御台所として降嫁したが、わずか4年後に家茂は大坂で急死する。

やがて戊辰戦争で15代将軍慶喜が朝敵に認定された。

天璋院

維新後も徳川家の女性として生きた

## 和宮（静寛院宮）

1877（明治 10）年に 32 歳で病没

薩摩や長州藩を中心とした新政府軍が東海道や中山道、甲州道中を下ってきた。江戸が戦禍をこうむることは必至であった。

この危機を救ったのは一般的に勝海舟と見られているが、その前段で天璋院と和宮、そして大奥の女中たちが動いたことを忘れてはならない。**ふたりは女中に書状を持たせ、新政府軍に遣わし交渉させたのだ。**

天璋院は、新政府軍参謀である西郷隆盛に「自分の命をかけても徳川の存続を願う」という内容の手紙を送った。宛名に「薩州隊長へ」と記し、わざわざ自分が島津一族の出で、格上であることを強調している。

和宮も徳川家の女として、徳川存続の嘆願書をしたため京都の明治天皇にも使者を立てた。また和宮は、徳川家代表であった田安慶頼が新政府軍の有栖川宮《ありすがわのみや》と面会できるよう紹介状を書いた。実際、新政府軍に宛てた江戸攻撃の延期を求める哀訴状も発見されている。

こうした大奥の尽力もあって新政府軍の江戸攻撃は止められ、江戸城無血開城が決まった。大奥もまた幕府組織のひとつだったといえる。

# PART 2

# すごい人材

## ～幕末幕府の閣僚～

じつは功労者だった！

# 水野忠邦

（1794-1851）

老中

天保の改革失敗や金権腐敗政治など、水野忠邦《ただくに》の名はネガティブな問題を想起させがちだ。実際、幕府をさらに困難な状況に陥れたと責任を問う声もある。だが彼は、川路聖謨《かわじとしあきら》や勝海舟、歴史家の内藤耻叟《ちそう》らには「罪より功のほうが多かった」とも評価されている。

唐津藩主・水野忠光の子に生まれた忠邦は19歳で藩主となった。財政再建のため藩政改革に取り組むなか、奏者番に抜擢され、幕政に参画しはじめる。

唐津藩主は長崎警固役を課され、幕府の重職に就けない慣例だったため、忠邦は昇進を目指して減収になることを承知で浜松へ転封。寺社奉行に任命された彼は、大坂城代、京都所司代と出世コースを駆け上がった。

本丸老中となった忠邦は、権勢を振るっていた徳川家斉が没した年に天保の改革を断行。この改革は享保の改革、寛政の改革の政治に復古することで内外の危機に対処することを目指していた。

幕府財政再建のため、倹約令や上知令など諸政策が行なわれたものの、幅広い層の批判を浴びて失敗した点は有名だ。

しかし、やり方が過激すぎて理解されなかっただけで、やろうとしたことはよかったという川路聖謨らの評価にも注目したい。

対外問題において、忠邦の辣腕は遺憾なく発揮された。**アヘン戦争での清の劣勢と、イギリスが日本に通商を要求する可能性を耳にした忠邦は、危機を回避するために異国船打払令を薪水《しんすい》給《きゅう》与《よ》令《れい》へと大転回させた。**

また彼は海防強化のため、川越藩と忍《おし》藩に江戸湾防備を命じ、伊豆下田奉行を復活させ、羽田奉行所を新設。日本海側では長岡藩の新潟を上知し、幕府が直轄する新潟奉行を新設した。

海防体制の構築は全国におよび、忠邦は領内に海岸のある全大名に海防の報告と軍備増強を命じている。

忠邦自身も洋式兵器の導入を試みた。砲術の近代化を説いた長崎町年寄・高島秋帆《しゅうはん》を幕臣に登用した忠邦は、高島の教えを受けた伊

**水野忠邦**

海防や対外政策に尽力した

豆韮山《にらやま》代官・江川英龍《ひでたつ》に大砲を発注し、オランダにも大砲や小銃、製鉄関連の書籍を注文している。

さらに忠邦は、中止となったものの、オランダに働きかけて蒸気船の導入も計画していたという。

感応寺事件（将軍家斉の側室の父が住職を務める寺の不祥事を、寺社奉行だった阿部正弘が容赦なく摘発した）への対応をきっかけに阿部正弘を老中に引き上げたのも忠邦である。忠邦はのちにペリー来航と開国という重大な局面に対処する人材をみいだし、登用していた。

これに限らず同時代人から、**普通なら躊躇する難局において改革を断行した「闊達豪気《かったつごうき》の人」という高評も得ている。**リスクを冒して大改革に臨んだ結果、多くの政策で失敗してしまった忠邦だが、次世代につながる功績も着実に残していたのだ。

## 開国に舵を切った穏便派
# 阿部正弘

（1819-1857）

老中

歴史上には功罪相半ばで評価が分かれる人物が存在する。ペリー来航時に老中首座を務めていた阿部正弘もそのひとりだ。徳富蘇峰《とくとみそほう》や福地源一郎から「八方美人」、水戸の徳川斉《なり》昭《あき》から「ひょうたんナマズのよう」と揶揄《やゆ》されることもあり、いくつも顔のある人物だ。

阿部正弘は譜代大名の福山藩主・阿部家の六男として、1819（文政2）年10月16日、江戸に生を受けた。正弘以前にすでに3人の老中を輩出していた同家で、正弘は父・正精《まさきよ》から幼くして老中の素質をみいだされ、「そなたは将来の老中の器だ」と言われて育った。

そんな正弘を取り立てたのは12代将軍徳川家慶《いえよし》だ。1840（天保11）年、寺社奉行に任命された正弘は、**大奥の奥女中たちが雑司ヶ谷の感応寺《かんのうじ》で起こした事件を解決するなど、幕政の表舞台に出た。**天保の改革で失敗した水野忠邦に代わる、苛烈な改革を行なわない穏健な政治家が求められるなか、正弘は家慶の目に留まり、わずか25歳にして老中に就任することとなった。この人選の背景には、正弘が端正な容姿で女性からの人気を誇る大変な美男子であり、大奥からの進言があったともいわれている。

## ◆常識を打ち破って開国を決断

最年少で老中に就任した正弘は、1年後には勝手掛、さらに1年後には老中首座にまで上りつめ、スピード昇進を成しとげた。若くして抜擢された正弘を待っていたのは、オランダに開国拒絶の回答をするなど、鎖国体制を維持するための重い仕事だった。

正弘の臨機応変な独断で外国船からの漂流民受け取りが行なわれたことなどから外国船が年々増加し、海防強化への関心が高まっていた。正弘はあらたに海防掛を設置し、諸大名からの海防報告書の受け取りをはじめ、海防関連の全事案を扱うこととした。また異国船打払令をめぐる3回の評議の結果、海防強化令を発し、全国に外国船の来航に備えるよう呼びかけた。

1853（嘉永6）年6月、浦賀沖に4隻の船が現われ、正弘は国防に関わるさらなる重要任務に直面した。いったんアメリカ大統領の国書を受け取ることにした正弘は、ペリーが翌年に再来するまでの間、開国に関する幅広い意見を聞くことに専心した。**翻訳された国書を全国の大名、藩士、幕臣、果ては吉原遊郭の主人にまで情報開示し、「幕府が嫌う意見でもよい」と広く意見を求めたのだ。**それまで外国文書を全国に回覧した事例はなく、当時としては異例の行動だった。

また徳川斉昭は徳川将軍家の血筋を絶やさぬためにつくられた御三家の当主であり、幕政への関与は許されていなかったが、彼にも助言を求めるなど、正弘は幕府の慣例を破ってでも多くの意見を聞こうとした。

未曽有の事態を前に自説や慣例に固執することなく最善策を練ろうとしていた、正弘の柔軟性がうかがえる。これらの行動が有名な日米和親条約に結実し、日本は開国に向けて歩みはじめた。

## ◆未来を拓く政策を数多く実行

攘夷派の意見に耳を傾けつつも、正弘は開国のための具体的な政策を実行に移している。なかでもとくに評価されているのは若手の育成と登用だ。洋学所(蕃書調所)、長崎海軍伝習所、講武所を新たに設け、それまでの幕府組織にはなかった軍艦奉行の役職もつくり、若い旗本や御家人などを抜擢した。

また昌平坂学問所を改革し、成績優良者を重要な役職に就けるエリート官僚登用コースをつくり上げた。家格ではなくみずからの能力で出世するシステムだ。川路聖謨、永井尚志《なおゆき》、岩瀬忠震《ただなり》、大久保忠寛《ただひろ》など、正弘が革新した昌平坂学問所から巣立った閣僚は多数存在する。

さらにオランダに軍艦2隻を発注し、造船所も建設するなど、幕府が長らく守り抜いてきた大船建造禁止の原則を崩した。品川や築地などに砲台を設置する御台場を設けたことも、新たな科学技術への関心を全国的に高めることになった。正弘が未来に向けて舵を切り直した結果、近代日本の建設につながっているものは多い。

感応寺事件のときから正弘が貫いているのは穏便主義だ。平穏無事に、できるだけ多くの人が納得する道を選ぼうと模索する。そのためには、旧来の仕組みを変えることも、思い切って新しい人材を迎え入れることもいとわない。

しかし不幸にも正弘は連年の激務が災いして、1857（安政4）年に急逝《きゅうせい》してしまう。正弘の死後、孝明天皇が大反対するなか、堀田正睦《まさよし》は日米修好通商条約の調印を断行。全国の尊王攘夷派が動き出し、幕末の動乱が巻き起こっていった。正弘の死とともに、物事を強引に変えようとしない穏便な政治もまた終わってしまったのだ。柔軟性に富み、バランスを重視する正弘を失ったことは、幕府にとって大きな損失となった。

開国を積極的に推し進めた
# 堀田正睦

(1810-1864)

老中

ペリー来航時、内政を担当していたのは阿部正弘だったが、外交面を預かっていたのは堀田正睦《まさよし》だった。しかし、タッグを組んでいた阿部は１８５７(安政４)年に急死。**残された正睦は、それまでの消極的な開国から積極的な開国へと対外政策を大きく転換させた。**

正睦は１８１０(文化７)年、下総国佐倉藩主・堀田正時の次男として生まれ、１８２５(文政８)年に佐倉藩11万石の藩主の座を継いだ。寺社奉行、大坂城代と出世を重ねて老中となったが、天保の改革の失敗により老中を辞任。正睦が老中に返り咲いたのは、日米和親条約が締結されたころだった。

当時の阿部政権を立て直すべく、阿部の推薦によって正睦は幕政に再登場したのだ。外国との交渉を期待された正睦は、積極的な対外友好政策を押し進めていくことになる。

## ◆自由貿易をめぐってハリスと交渉

正睦は開国を支持していた。そこには貨幣を媒体とした物品の交換が国に富をもたらす

## 堀田正睦

日本の外交を好転させた

という考えや、国どうしの開かれた関係が国内においても人々の開かれた関係をつくるという展望があった。彼はこうしたビジョンを胸に、日米修好通商条約の調印交渉に尽力し、難局を舵取りしたのだ。

１８５６（安政３）年、下田に到着したハリスは日米の貿易条約に調印すべく、徳川幕府との交渉に意欲を示した。幕閣らは通商は避けるべきであると考え、ハリスへの回答を拒否し続けていた。しかし第二次アヘン戦争が勃発し、清がイギリス・フランス連合軍の攻撃で苦境に立たされていた情勢を受け、正睦は部分的にハリスの提案に同意。アメリカ船に貿易に関するいくつかの権利を認めた。

またハリスが江戸城中での将軍・家定への謁見と大統領の国書奉呈を要求した際、承認したのも正睦だった。ハリスは秘書兼通訳のヒュースケンをともなって江戸城へ登城し、将軍にフランクリン・ピアース大統領の国書を献上した。

ハリスの江戸出府ののち、日米修好通商条約の交渉がはじまった。

ハリスから世界情勢や、アメリカとの貿易で得られる日本の国益などについて話を聞いた正睦は、ハリスとともにさまざまな議論の紛糾や挫折を乗り越えて条文を整え、条約調印に向けて準備を進めた。ところが、朝廷に条約調印の勅許を求めたところ同意を得るのに失敗し、正睦は失脚してしまう。

日米修好通商条約は第二次アヘン戦争で清が課された条約よりはいくらか条件のよいものではあったが、不平等条約である。だがこの条約によって本格的な開国が実現し、多くの海外文化がもたらされた。

**正睦はハリスとの交渉を通じ、日本が国際社会に加わる糸口をつくった功労者でもあるのだ。**また、この交渉に際して川路聖謨や岩瀬忠震、水野忠徳らの開明派を登用し、世に送り出したことも正睦の功績である。

## ◆洋学を取り入れ藩政改革に着手

「西の長崎、東の佐倉」と言われ、佐倉藩は蘭学に通じた地として全国的に知られていた。正睦は、徳川斉昭から「蘭癖《らんぺき》大名」と言われるほどの洋学好きで、欧米人に配慮して下田・箱館での踏み絵を中止させたり、旗本子弟に蕃書調所への就学を義務づけたりするほどだった。そんな「蘭癖」な彼は、藩政改革においても諸藩に先んじて洋学を取り入れていた。

正睦の主導のもと行なわれた佐倉藩の改革には、まず文武の奨励が挙げられる。**儒学中心だった従来の藩校を、正睦は蘭学や医学、兵学、武術など当時必要とされていた幅広い**

**学問を加えた大規模なものに拡充させた。**また彼は江戸から招いた蘭学医・佐藤泰然を手厚く庇護し、佐藤はのちに、オランダ式医学による日本初の病院といわれる順天堂を開くことになる。

英語教育のパイオニア・手塚律蔵を育てたのも正睦だ。正睦と佐藤の流れからは松本良順や林董《はやしただす》、正睦と手塚の流れからは西周《にしあまね》、神田孝平《たかひら》、津田仙《せん》、桂小五郎らが輩出され、次世代を担う多くの人材が送り出された。

正睦は財政改革にも着手した。なかでも特筆すべきは、育児資金をつくってその利息を費用にあて、村人の間で長らく行なわれてきた間引きの慣習をなくそうと努力したことだ。これは隣接していた田安徳川家領地で行なわれていた政策を手本にしたという。

老中として開国をめぐり対外政策に奔走しただけでなく、正睦は国内外問わず外部の情報を取り入れ、藩主としても成果を残した。つねに外の世界へ目を向けるその姿勢が、来たるべき新しい時代への道筋をつくっていったのだ。

柔軟な発想で幕政を担った

# 牧野忠雅

(1799-1858)

**老中**

江戸時代、鉢植えに例えられたように、譜代大名は頻繁に転封をくり返すことを余儀なくされていた。しかし牧野家は、約２５０年もの長きにわたり越後長岡を領地として明治の世を迎えることになった。その牧野家の10代藩主である牧野忠雅は、奏者番や寺社奉行を歴任。寺社奉行在任時には、大塩平八郎の乱を担当した。

その後、京都所司代を経て、１８４３（天保14）年には老中に就任している。**忠雅は、幕閣のナンバー2、すなわち次席老中として処遇された。**水野忠邦に代わって老中首座になった阿部正弘を終始助けて、忠雅は、幕政の運営に力を尽くすことになる。

さらに１８４５（弘化2）年、海防掛の老中になり、海防や外交を担当した。１８４９（嘉永2）年には、ドラマ「遠山の金さん」のモデルになった町奉行遠山景元《かげもと》から提出された江戸市中での大砲鋳造を許可している。

元来、江戸市中では、一定の大きさ以上の大砲鋳造は禁止されていたのだが、忠雅は、従来のやり方にとらわれない柔軟な発想の持ち主だったのではないだろうか。

ただ、このころ出た「**きたいなめいい（眼医・名医）難病治療**」と名づけられた浮世絵では、**阿部正弘ともども、忠雅の評判はよくない。**近眼が阿部正弘を表わし、一寸法師が忠雅を表わしていると、江戸で噂になったという。近眼が阿部正弘とされたのは「鼻の先ばかり見えて遠くが見えない」からで、忠雅は「万事心が小さい」ため一寸法師とされたという。

1854（安政元）年、ペリーが再来航を果たすと、忠雅は、長岡藩の藩政について、広く藩士に意見を求めた。これも、いつまでも家の格などにこだわっているべきではないという忠雅の柔軟性の現われなのだろう。

結果、河井継之助《つぎのすけ》、三島億二郎《おくじろう》、小林虎三郎らが建言書を提出した。どれも、藩政の改革を促す内容だったようだが、三島と小林については、その内容が忠雅の意に添わなかったこともあって、江戸から長岡へ帰るように命じられた。

一方、河井の建言は忠雅に高く評価され、いきなり抜擢されることになった。だが、長岡藩上層部の風当たりが強く、河井は何もできないまま、辞職を余儀なくされてしまう。

同年、阿部正弘は忠雅の協力のもと、日米和親条約を締結して、ついに開国に踏み切った。しかし、1857（安政4）年、老中在職のまま阿部が没し、代わって堀田正睦が幕府の実権を握ると、忠雅は老中を辞職し、翌年亡くなった。河井が長岡藩の藩政改革に辣腕を振るうのは、忠雅の養子である次代の忠恭《ただゆき》の治世でのことだ。

公武合体の立役者

# 久世広周

(1819-1864)

**老中**

権謀術数を得意とする政治家と評されたという久世《くぜ》広周《ひろちか》は、じつはそんな人物ではなかった。清廉潔白ではないとも見られたが、そもそも当時の幕閣は、多かれ少なかれそのような人物ばかりで、広周だけを責めるのは筋ちがいである。

久世広周は、大身の旗本大草家に生まれ、何人もの老中を輩出した久世家の養子になった。藩主の座についたのは、１８２９(文政12)年、わずか11歳であった。旗本の子が譜代の名門大名の養子に迎えられるのはよくあるケースだが、それなりに見どころのある少年だったのだろう。その後、その期待にこたえたといえる。

すなわち、出世の登竜門である奏者番就任を皮切りとして、寺社奉行などを経て、１８５１(嘉永４)年には、トントン拍子に老中にまで上っている。老中に就任した広周は、老中首座の阿部正弘を助けて、日米和親条約の調印交渉に当たった。

だが、老中在職中の阿部正弘が急死して広周の運命が変わる。阿部の死後に政権を握ったのは大老井伊直弼だ。広周は、井伊が断行した安政の大獄について、処罰がきびしすぎるのではないかという考えをもっていたこともあり、井伊によって、手ぬるしとして老中の座を追われてしまう。

1860（安政7）年、桜田門外の変で井伊が横死すると、井伊のあとを襲った老中安藤信正の手によって、広周は、ふたたび老中に登用されることになった。後年「久世・安藤政権」と呼ばれるのは、信正が広周を老中首座に迎えたことによる。**信正が全幅の信頼をおいていたからこそ、自分よりも上位で広周を処遇したのだろう。**

そんなふたりは、内政・外交とも危機に陥った状況を乗り越えるためにはと、朝廷と幕府の間の融和を図る「公武合体策」を推し進めることになる。公武合体策の代表は、孝明天皇の妹和宮を第14代将軍家茂の夫人に迎えたことだ。この縁談はなかなか進まなかったが、広周の再三の願いによって、孝明天皇もついに首を縦に振ったという。

だが、1862（文久2）年1月、坂下門外の変が起こると、傷を負った信正は老中を罷免され「久世・安藤政権」は、わずか2年で終わりを告げた。同年6月、広周も老中を罷免されただけではなく在職中の失政を問われて隠居・急度《きっと》慎《つつしみ》（家族や家臣との面会や文通を禁止する処罰）を言い渡された。次いで、永蟄居《えいちっきょ》を命じられた広周は、1864（元治元）年、46歳で没した。

桜田門外の変による混乱を収拾した

# 安藤信正

（1819-1871）

老中

磐城平《いわきだいら》藩の藩主の長男として生まれた安藤信正は、父の死によって、28歳で家督を継ぎ、翌年、奏者番に就任した。奏者番は、言語怜悧で英邁な人物でなくては勤まらない役職といわれていた。譜代大名は、奏者番を振り出しに、寺社奉行を経て若年寄、あるいは老中などの重職へと上っていった。つまり、信正は、幕閣から将来を期待されて奏者番就任を振り出しとする出世コースにのせられたのではないだろうか。

１８５８（安政５）年、38歳の信正は、大老・井伊直弼の政権下で若年寄に就任した。１８６０（安政７）年１月には老中に就任したが、同年3月の桜田門外の変で井伊が殺されてしまう。老中就任直後だったにもかかわらず、信正は難局を見事に乗り切った。その後、**かつて、井伊に罷免された関宿《せきじゅく》藩主の久世広周を老中に復帰させ、以後、安藤・久世のふたりが幕政を動かすことになった。「久世・安藤政権」の成立である。**

幕政を主導する立場に立った信正は、安政の大獄に代表される井伊の強硬路線を否定し、温和政策を取ることによって、朝廷と幕府の間の関係を深め、その上で政権を運営してい

**安藤信正**

朝廷との宥和策を練った

こうという「公武合体策」をとることになる。**そのため、孝明天皇の妹和宮の第14代将軍・徳川家茂への降嫁を実現させることによって、朝廷と幕府は一体であることを国内外に示そうと考えたのだろう。**また、和宮の降嫁によって、朝廷や薩長などの反幕感情も鎮静化できるとの目論見もあった。

だが、尊攘派は天皇の妹が幕府に人質にとられることになるとして、和宮降嫁には強く反発した。信正は、1862（文久2）年1月、江戸城への登城の途中、坂下門外で水戸浪士の襲撃を受けて負傷した。幸い命に別条はなく、その日も包帯姿でイギリス公使と会見するなど、職務を忠実に果たしている。しかし、一部の幕閣から「背中に傷を受けたのは、武士の風上にも置けない」との非難の声が上がった。その後、4月に老中を罷免され、さらに、隠居・謹慎を命じられただけではなく、2万石もの所領の減封処分を言い渡され、表舞台から姿を消すことになった。

慶応4（1868）年1月の戊辰戦争の勃発後、信正は、隠居の身でありながら、磐城平藩の藩政を主導し、あくまでも徳川家への忠誠を誓うべく新政府軍と戦ったが、敗れた。戦後は謹慎し、後に処分は解除されたが、1871（明治4）年に死去した。

## 大老

(1815-1860)

# 井伊直弼

### 強い秩序意識から開国を決断した

井伊直弼には「世論を無視して強引に物事を進めた人物」という悪しきイメージがつきまとっている。みずからの反対勢力にきびしい弾圧を行なった安政の大獄や、その結果招いた桜田門外の変などはあまりにも有名だ。しかし直弼にはもうひとつの評価がある。**それは、剛毅果断で幕末期の日本を国難から救った「開国の元勲」という見方だ。**

福地源一郎から「おのれが信ずる所を行ない、おのれが是とする所をなしたり」と評されたように、直弼は生涯を通じてその信条を曲げなかった。直弼が是としていたのは、身分に応じた社会的役割を果たして社会秩序を守ろうとする、強い秩序意識である。直弼は譜代筆頭の彦根藩主・井伊直中《なおなか》の十四男として生まれながらも、大名の庶子として城下で部屋住みを続け、国学の研究や茶道などに励んだ。

国学者・歌人の長野主膳に学んで自己修養を重ねた直弼は、やがて学問や諸芸の根底に秩序意識をみいだし、それを自身の政治意識のなかに昇華させていったのである。

## ◆「仁政」を目指した藩政改革

藩主・直亮《なおあき》の養子となった直弼は、32歳で藩政に参与しはじめる。4年後に藩主となった直弼は、前藩主・直亮が専制政治を行なったために**閉塞状態に陥っていた彦根藩を改革するべく、家臣から領民、禽獣にまでおよぶ「仁政」を掲げた。**

直亮時代の側近人事を刷新した直弼は、まず財政改革に着手した。直亮の遺志に従い、直弼は彦根藩の1年間の年貢収入に相当するという直亮の遺金を家臣や領民に配布。さらにその年は不作であったことから領民には救い米の配布も表明し、直弼は倹約令の発令や相州警衛の負担などで困窮していた領民に救いの手を差し伸べた。

さらに直弼は計9回にわたって領内各地を巡見し、領民の生活を見てまわることで統治と撫育《ぶいく》を目指した。

また、有能な人材を活用することで彦根藩内での政治組織の正常化も図った。直弼は国学の師であり側近でもあった長野義言《よしとき》(主膳)や、直亮のころから仕えてきた宇津木景福《かげよし》を登用。長野の門人を側役など藩政に関わるさまざまな役職に抜擢した。直亮の時代を反面教師に、家臣の諫言を聞くことを目標としていた直弼は、分限や礼節をわきまえた一定のルールのもと、幕政への意見書に家臣らの意見も多く反映した。

## ◆日本の未来を思い条約調印を決断

江戸城内では溜間《たまりのま》の筆頭として幕政に参画していた直弼は、堀田正睦が孝明天皇から日米修好通商条約の勅許を得られず江戸に帰参した直後に、大老就任を果たした。大老就任後の直弼には強硬な姿勢がみられるが、それは徳川幕府には天皇から委任された統治権限があり、皇国護持のための幕政であるとする直弼の政治構想に基づいている。

朝廷に代わり、武家政権が政治を主導することを理想とした直弼は、日米修好通商条約の調印を進めた。この方針は世間からは天皇をないがしろにしたとされ、尊攘派の怒りを買い、「違勅調印」と指弾された。

しかし直弼は、**海防も軍備も不十分な当時の日本が外国との無用な戦争を回避できるよう、やむを得ず部下に条約調印を許可する内諾を与えていたという。**この行動から、外国の圧力に屈するのではなく、積極的に対外交渉を進めることで、欧米列強に日本の自立した外交を印象づけようとした直弼の姿勢がみえてくる。直弼は日本の将来をみこした上で、条約調印に踏み切ったのである。

将軍継嗣問題において紀州藩の徳川慶福《よしとみ》を推したことにも、直弼の秩序意識がみられる。

## 井伊直弼像

開国を決断して時代を動かした

次期将軍は下から選ぶものではなく、現将軍の意志で決定すべきと考え、直弼は13代将軍家定《いえさだ》が嫌う慶喜の将軍継嗣には同意できないとの立場であった。

国を思い、秩序を重んじてきた直弼の信条は、その生涯の終末期に裏目に出てしまう。勅許なしの条約調印や、将軍継嗣を徳川慶福とする決定への反発の声が上がるが、直弼は朝幕藩関係の秩序を乱したとして、反対勢力への弾圧を断行。最期は幕法を守って行列の警備を厳重にしなかった結果、水戸浪士らの凶刃に倒れている。

福地源一郎は、直弼が開国という強硬な政略を断固として実施した点で、普通の政治家がおよばない才気を持っていたとも記している。

**直弼の秩序意識は幕政においてさまざまな確執を生んだものの、結果として日本は外国との戦闘や列強からの侵略を免れることができた。**彦根城と横浜には、開国を決断して戦争を回避した功績をたたえて、直弼の銅像が建てられている。

海防の重要性を訴えた

# 徳川斉昭

（1800-1860）

**政務参与**

御三家の水戸藩主徳川斉昭は、幼少から、学問や武芸など何事にも秀でていたといわれている。しかし、藩主の三男として生まれたこともあって、長く、その能力を発揮する機会に恵まれなかった。転機が訪れたのは、１８２９（文政12）年で、藩主である兄が亡くなったことで、藩主の座につくことになった。斉昭は、すでに30歳を迎えていた。

藩主となった斉昭は、身分を問わずに有能な家臣を登用し、藩政改革に乗り出した。改革は少しずつ進んだが、１８４４（弘化元）年、幕府から隠居謹慎の処分を下されてしまう。斉昭の進めた改革が、藩内の保守派や幕府の守旧派たちの怒りをかった結果だった。

１８４９（嘉永２）年、斉昭の隠居謹慎が解かれた。日本近海への外国船の来航が多くなってきたことから、幕府は、外交に一家言のある斉昭の意見を求めるため、謹慎を解く必要に迫られたのだという。１８５３（嘉永６）年のペリー来航の際には、12代将軍家慶が「水戸の中納言（斉昭）に出馬を願え」といった趣旨の言葉を叫んだとされる。

家慶の信頼にこたえるかのように、斉昭は水戸で鋳造した74門の大砲を、江戸湾の防備に当てるためにと幕府に献上した。このことからも、斉昭がいかに海防に熱心だったのかがうかがわれる。

**斉昭は、将軍家慶だけではなく、老中首座の阿部正弘からも頼りにされていた。**阿部は、斉昭を幕府の海防参与に起用する。御三家は、幕政に直接関与しないことが不文律だったにもかかわらず、斉昭の力をどうしても必要としたのだ。

しかし幕府は、斉昭の思いとはちがう方向に動き、1854（安政元）年3月、ペリーとの間で、日米和親条約を結んだ。その内容を知った斉昭は激怒し、海防参与を辞任してしまう。同年7月、斉昭は軍制参与を命じられた。役職名はともかく、幕府は斉昭を幕閣に留めておきたかったということなのだろう。さらに1855（安政2）年、今度は幕府の政務参与に起用される。そして1857（安政4）年、阿部の死後、辞任した。

幕府とアメリカの間では、条約の交渉が行なわれていたが、1858（安政5）年、大老井伊直弼の決断によって、勅許を得ないまま日米修好通商条約が調印にいたった。この処置に斉昭は激怒し、井伊を激しく責め立てた結果、謹慎を命じられる。さらに翌年、国許での永蟄居に処せられた。

井伊は水戸浪士を中心とする桜田門外の変で命を落としたが、斉昭もまた同年8月、急死した。当時、主君井伊を討たれた彦根藩士による暗殺ではとの噂が流れたという。

誠実さをたたえられた賢侯

# 松平慶永

(1828-1890)

政事総裁職

木綿の紋付を着た殿と少人数の供連れが江戸に現われたのは1847(弘化4)年のことだった。一行の中心にいたのは、福井藩主・松平慶永《よしなが》だ。質素を旨とする家風と緊縮した藩財政による倹約ぶりは評判となり、見習う藩主も多くいたという。

慶永は1828(文政11)年、御三卿田安家の3代当主・斉匡《なりまさ》の八男として生を受けた。徳川家慶の命で病死した15代藩主・松平斉善《なりさわ》の養子となった**慶永は、11歳で16代藩主となり、島津斉彬(薩摩藩)、伊達宗城《むねなり》(宇和島藩)、山内豊信《とよしげ》(土佐藩)とともに幕末の四賢候のひとりに数えられるまでになった。**

一方で福地源一郎は慶永に対し、藩主であれば良主だが、一国を動かす政治家としては格別な価値はみいだせないと辛口な評価を綴っている(『幕末政治家』)。

当人にもその自覚はあったようで、自作の漢詩にも「我に才略無く我に奇無し。常に衆言を聞きて宜しき所に従う」と詠じているくらいだ。慶永は人の言葉に耳を傾け、それを最大限に尊重する姿勢を生涯貫いた。

## ◆優秀な人材や意見をみいだし改革を行なう

人の素質を見ぬく目をもっていた慶永は、中根雪江《ゆきえ》や由利公正《ゆりきみまさ》、橋本左内らの革新的な家臣たちを次々と登用し、藩政改革を推進した。慶永が藩主となった当時、福井藩の財政は歳入不足によって借金総額が90万両にのぼる危機に陥っていたが、慶永は家臣らに命じて札所改革や節倹施策を講じ、福井藩を幕末の雄藩として飛躍させた。

家臣らは慶永の優秀なブレーンとして働き、積極的な経済政策も進められた。**なかでも橋本左内のアイデアによる幕府と雄藩連合による統一国家構想は慶永に採用され、大政奉還ののち、庶民層まで広く建議できる公議政体論へと発展した。**

**松平慶永（春嶽）**

開明藩主の代表格とされる

また慶永は熊本藩で冷遇されていた横井小楠《しょうなん》を政治顧問に招聘《しょうへい》。小楠が呈した、国家社会を治め民衆の生活安定をはかる「経世済民」に共鳴した慶永は、小楠の教説を指針に藩校を創設した。小楠はその後も藩の殖産興業を指導したほか、中央政権においても慶永の後ろ盾として活躍している。

種痘法導入のきっかけをつくったのも慶永だ。医学者・笠原白翁から種痘法を日本に取り入れるために痘苗の輸入を要望する嘆願書が届き、慶永から種痘輸入が指令された。この決断が医学に大きく貢献し、多くの人命を救うことになる。領内各地をめぐって領民の生活に直に触れるなど、慶永は広く領民へも目を向けていたのだ。

## ◆政治の本道を貫き雄藩連合を目指した

1862（文久2）年、井伊直弼との政争に敗れて謹慎していた慶永は、政事総裁職として中央政界に復帰した。慶永は当時の幕府の様子を「実に目もあてられぬ様子」だったと記している。幕閣らがみずからの本分を忘れ、体面や私利私欲を優先する「私政」が行なわれていたという。

そこで**慶永が実行したのは、参勤交代制の大幅な緩和だ。**この制度はもともと、妻子を人質に国元と江戸とを往復し、全国の諸大名に将軍への臣従を誓わせるという、幕藩体制の根幹をなすものだった。

しかしその実、往復や江戸滞在にかかる莫大な費用負担で藩財政を苦しめ、幕府に反抗できないようにすることが狙いであり、徳川家の「私政」であった。慶永は家光以来の制度を大きく緩和し、3年目ごとに1回の出府、滞在期間を100日に短縮した。さらに妻子の帰国を許している。

また、江戸藩邸に滞在する家臣の数をできるだけ減らすこと、藩主が在府中は随意登城して幕政に関する意見を上申すべきことも定めた。こうした一連の改革は、慶永の構想した雄藩連合の一端を実現したものだった。

この緩和策には外様大名らを中心に幕府の権威を軽んじる風潮をつくってしまったという批判もある。ただ、のちに老中たちが元の制度に戻そうとしたところ、従う大名がほとんどいなかったことからも、慶永が私利によらない正しい政治を行なったことがうかがえる。

福地源一郎が評したように、慶永は一国を大きく揺るがすような華々しい功績で名を残した人ではなかった。しかし慶永はみずからが打ち出した施策を一方的に押しつけ、自分本位になってしまうことを極力避けていた。

藩政改革で倹約令を出した際も、みずから率先して模範となり、手元の費用を半減した上で、家臣団の禄高や衣服などに制限を加えている。幕末大づめの慶応年間、慶永は最後まで公武合体に奔走するが、ついに倒幕勢力との政争に敗れる。その慶永を多くの人が「誠実」と評している。

日本の近代化に貢献した

# 小栗忠順

(1827-1868)

**勘定奉行**

群馬県高崎市を流れる烏川《からすがわ》のほとりに、「罪なくして此処に斬らる」と刻まれた碑が建っている。無実の身ながらこの河原で斬首された、小栗忠順《おぐりただまさ》を悼んだ碑である。

**忠順は曲がったことを嫌う生来の性分で上役とよく衝突し、昇進・罷免を70数回もくり返しているが、そのずば抜けた力量で幾度となく官僚として登用され続けた。**そして、その高すぎる能力を恐れられ、非業の死をとげた。

忠順は１８２７(文政10)年、新潟奉行・小栗忠高の子として、禄高２５００石を有する直参《じきさん》旗本の家に生まれた。１８５５(安政２)年に家督を相続し、目付となった忠順は、その開国思想を井伊直弼にみいだされ、日米修好通商条約批准のための遣米使節団に加えられて渡米を果たす。

世界を見聞したこの経験が忠順の心を揺さぶり、日本の政治や軍事、街並みまでもが変わるきっかけとなった。

## ◆驚きと学びに満ちたアメリカ滞在

1860(万延元)年、忠順は日米修好通商条約の批准書交換のため、遣米使節の目付として軍艦ポーハタン号で渡米。**忠順は現地で条約批准の調印式に臨むだけでなく、日米間における金銀貨の交換比率を定め、その知性や情熱をアメリカ人に称賛された。**

開国した当初、金銀の交換比率は日本と海外とで大きな差があったため、海外に大量の金が流出してしまい、日本はその莫大な損失で物価騰貴に陥っていた。金銀交換比を国際水準に正そうとした忠順は、フィラデルフィアの鋳造所で国務長官ルイス・カスを相手に、日米の金銀貨を分析計量し、金の含有量を確かめてみせた。その計量は目盛りのついた天《てん》秤秤《びんばかり》とそろばんを駆使したとはいえ正確で、その恐るべき計算スピードをアメリカ人は褒めたたえたという。こうして忠順は1両小判と1ドル金貨との交換比率の基礎を定めたのだ。『ニューヨーク・ヘラルド』紙も、「威厳、知性、信念、情愛の深さが不思議に混ざり合った人物だ」と忠順を評価した。

**小栗忠順**

財政通で「金が足りない」が口癖

3カ月近くアメリカに滞在した忠順は、大統領から一般市民まで多種多彩な人々と出会い、政治から経済、文化まで、日本とはあまりにもちがいすぎる世界を目の当たりにした。忠順はこの滞在を機に、国力の成熟していない日本がこれから国際社会にどう対応していけばよいのかを考え、強い幕府をつくる構想に思い至った。

## ◆海外の見聞をもとに日本近代化を構想

帰国した忠順は奉行職を歴任しながら、日本近代化につながるさまざまな事業に着手した。まず最大の功績といわれているのが、横須賀製鉄所（造船所）の建設だ。ワシントン滞在中、損傷したポーハタン号をドックで修理する様子をみた忠順は、「外国から軍艦を買い入れても、修理ができなければ役に立たない」ことを痛感。現地で海軍造船所を視察した経験をもとに、横須賀での造船所の建設に踏み切った。

幕府はきびしい財政状況にあり、非難の声も上がったが、忠順は国の安全を図るために建設を断行。忠順はその完成をみることなくこの世を去ったが、この造船所はのちに日本海軍にとって非常に重要な施設となり、東郷平八郎も日本海海戦での勝利は横須賀造船所をつくった忠順のおかげだとたたえている。

アメリカからの帰路に大西洋方面にまわり、喜望峰やインド洋を経由した忠順は、欧米列強の侵略でアジア諸国が苦境に立たされていることを見聞きし、日本の軍備強化への思いをあらたにしていた。

加えて、力をつけてきていた西南雄藩に対応しうる軍事力をもつことも課題であった。そこで忠順は軍制の西洋化を決意。剣や槍、弓での個人戦を主とした旧来の軍隊を、歩兵・騎兵・砲兵の3兵科に分かれた陸軍に刷新する兵制改革を構想したことで、忠順は近代陸海軍の創設者とされている。また、大砲・火薬製造所や反射炉を設けたのも忠順だ。

**忠順は軍事にからむ施設だけでなく、江戸・横浜間の鉄道、中央銀行、郵便電信、ガス灯などを構想し、会社や商工会議所の原型、フランス語の学校、横須賀製鉄所内の学校などもつくった。**

忠順が構想した事業は、のちに明治政府により実現され、江戸の街並みは一変。大隈重信が新政府の近代化事業を忠順の模倣にすぎないと評したほど、忠順の構想が近代化に与えた影響は大きかった。

日本の近代化や国力強化に尽力し、これほどまでに多くの功績を残した忠順だが、鳥羽伏見の戦い後に徹底抗戦を唱え、罷免されて上州へと去り、新政府軍から朝敵の疑惑をかけられ、罪なく斬首刑に処されてしまう。忠順の死はその偉業に見合わない、無念なものだった。

勘定奉行

(1801-1868)

# 川路聖謨

巧みな交渉術で日露をつないだ

日本とロシアの領土をめぐる関係は今も昔も複雑だ。しかし、幕末には対露交渉で成功をあげた例がある。ロシア人から聡明な人物と評価された川路聖謨の功績だ。

プチャーチン率いるロシア艦隊が長崎に来航したのは1853（嘉永6）年。アメリカに露米共同の行動を求めたものの断わられたプチャーチンは、ペリーと同じく日本に通商を要求してきた。

この対応にあたった勘定奉行の川路聖謨は、部分的に交易を許して時間稼ぎをし、列強に対抗する武力を養おうとする日露提携論を提案した。

これが徳川斉昭に猛反対され、ロシアと交渉することになった聖謨だったが、そのときの応対がプチャーチンらに感服の意を抱かせることになる。

## ◆ウィットと知性あふれる聡明な交渉人

長崎に到着し、ロシア使節団との会見を終えた聖謨は、筒井《つつい》政憲《まさのり》とともにロシア艦に招待された。恐る恐る乗りこむと、豪華な料理とワインでもてなされ、家族の話題でプチャーチンらと大いに盛り上がった。この歓待ムードに骨抜きにされることなく、聖謨はその後計5回におよんだ丁々発止の応酬で渡り合った。

ロシアの要求は、千島・樺太の国境画定と通商の2点。択捉島を自国領と主張するロシアに対し、日本側は「ウルップ島を境界にすることで解決済みだ」と主張して譲歩させた。また樺太全域をロシア領とする主張にも、日本側が北緯50度から北はロシア領、南は日本領と提案し交渉を成立させた。通商の要求にも断固として譲る姿勢をみせなかった。

**聖謨はその弁舌でロシアの南下を平和的に食い止めると同時に、開港要求をも退けて武力なしの交渉で日本を守り抜いたのだ。**プチャーチンは「ヨーロッパでもめずらしいほどのウィットと知性を備えた人物」と聖謨を称賛した。

プチャーチンに随行していた秘書官のゴンチャロフも「川路は非常に聡明」であり「その一語一語が、眼差のひとつひとつが、そして身振りまでが、すべて常識と、ウィットと、炯敏《けいびん》と、練達を示していた」と、聖謨の機知に富んだ外交交渉の様子を綴っている。

## ◆ロシア船を助けたフェアプレー精神

聖謨は日田代官所に務める下級役人の子であった。父が御家人株を買ったことをきっかけに小普請組《こぶしんぐみ》川路家の養子となった。家督を継いで勘定所に出仕するようになった聖謨は、その才能や勤勉さを認められ、奉行職を歴任。みずからの高い教養をもって出世し、混迷する幕末日本の外交において大きな成果を上げたのだ。

また聖謨は外交交渉の場で「武士の情け」ともいうべき温かみやフェアプレーの精神もみせた。長崎での交渉の翌年、プチャーチンらは2回目の交渉に臨むべく下田に来航したが、安政の大地震による津波でロシア艦が大破・沈没してしまった。

聖謨はロシア人乗組員の上陸を認め、日本の船大工に新たな船を建造させた。苦境に立たされたロシア側につけこむことなく手を差し伸べた聖謨は感謝され、日露和親条約も無事に締結した。おまけに、日本の船大工が西洋の船に触れたことで、日本の造船技術が向上するという副産物までついてきたのだ。

ロシア人を評価していたことも、聖謨の特筆すべき点だ。船が大破しているにもかかわらず、クリミア戦争で交戦中のフランス軍に敢闘精神をみせるロシア人の姿に、聖謨は武士と相通ずるものを感じ、彼らと正々堂々交渉せねばと書き記している。妻への手紙にもプチャーチンを真の豪傑だと書いていた。またゴンチャロフの記述にも、ロシア人はみな聖謨を好いていたとあり、両者には良好な関係性が築かれていたのだ。**敵愾心《てきがいしん》ではなく尊敬の念をもって向き合う姿は、ロシアの軍人たちの心を動かしたといえるだろう。**

## 時代を見通し大政奉還を唱えた

# 大久保忠寛

(1817-1888)

会計総裁

「幕府が握る天下の政治は、今こそ朝廷に返還するのがよろしい。徳川家の転覆は近いことであろう」――１８６２(文久２)年、静まり返った江戸城の評定所で沈黙を破った男がいた。すぐれた先見の明をもって、いち早く大政奉還論を唱えた大久保忠寛《ただひろ》だ。

１８１７(文化14)年、忠寛は旗本大久保家に生まれた。老中・阿部正弘に登用されて目付となったことを皮切りに奉行職を歴任し、旗本として最高の役職・大目付にまで上りつめた。順調に出世街道を歩んできたようにみえるが、彼は自説を主張したことが原因で左遷・罷免をくり返している。

京都町奉行だった忠寛は、井伊直弼が行なっていた安政の大獄に疑念を呈した。尊攘派は幕臣と違って英気や愛国心があり、彼らをいたずらに弾圧するのは為政者の道ではないと説いたのだ。

また、幕政改革を迫って島津久光が江戸に下向してきた際、**御《お》側《そば》御《ご》用取次《ようとりつぎ》だった忠寛は、江戸城で開かれた会議の場でだれよりも早く大政奉還につながる考えを発表した。**彼は幕府存続を思って論を呈したが、いずれも時の権力者の怒りを買ってしまい、解職の憂き目にあっている。しかしわたしたちは、その後の歴史が彼の予見したどおりに進んでいくことを知っている。忠寛には、未来を見通す並外れた先見の明があり、横井小楠にも国際関係における日本の立ち位置の危うさを語っていたという。松平慶永も評定所で披露された忠寛の先見性に驚いたことを書き記している。

勝海舟をみいだしたのも忠寛だ。忠寛はペリー来航時、阿部正弘に提出された勝の意見書に目を留め、勝が蕃書調所に出仕するきっかけをつくった。鳥羽伏見の戦い後、会計総裁となった忠寛は、海軍総裁に押し上げられた勝とともに江戸城無血開城を果たしている。

幕府の終焉を見届けた忠寛だが、徳川家の駿府への移動に従って府中藩政を担当し、かつての幕臣や家族たちの面倒をみるなど、維新後も徳川家に忠義を尽くした。

また力量を明治政府にみこまれて静岡県知事や東京府知事、元老院議官などを務め、あらたな議会政治の樹立にも貢献し、72歳で生涯を終えた。

苦しい立場に追いこまれながらも、つねに日本の未来をみすえ、みずからの信念を貫いた忠寛。幕府に少しでも彼の意見を受け入れる柔軟さがあれば、幕府瓦解を早める無為な戦争も行なわれなかったのかもしれない。

**大久保忠寛**

徳川への忠誠を貫いた

大胆な行動で攘夷派をゆさぶった

# 小笠原長行

(1822-1891)

外国事務総裁

尊王攘夷の気運が高まる1862(文久2)年、生麦事件が起こった。イギリス人が島津久光の行列に乱入し、殺傷されたこの事件の処理をめぐり、小笠原長行《ながみち》は非凡な度胸をみせつけることになる。

唐津藩主・小笠原長昌《ながまさ》の長男として生まれた長行は、2歳で父を亡くした。彼は実入りのよい領地を失いたくない家臣たちの計らいによって身体に障害があると届け出られてしまい、藩主となった同族・小笠原長国の養子として育った。やがて幕府が譜代大名家から人材を求めたため、長行は「病から全快した」と届を出し、世子身分のまま幕府から奏者番に抜擢された。土佐藩主・山内豊信の推挙によるといわれる、前例のない登用だった。

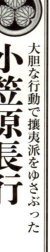

1862(文久2)年、**老中格に昇進した長行は、8月に起こった生麦事件の賠償金10万ポンドを独断で支払った。**幕府としては賠償金の支払いはやむなしと判断したものの、列強の圧力に屈するような行動はできず、長行が独断で支払う形をとったのだ。

長行はこの問題を朝廷に釈明するため京都に向かっていた。しかし本来の目的は、朝廷が幕府に押し付けてきた開港場を閉鎖する政策の非現実性を訴え、幕府の失地を回復するべく、武力で京都から長州藩らの攘夷派を一蹴することだった。

長崎奉行・水野忠徳や軍艦奉行・井上清直などの優秀な官僚や幕府の兵1500人を率いた長行は、イギリス艦船をチャーターし、大阪を経て京都に向かったが、朝廷との融和を目指す徳川慶喜や在京中の老中、若年寄らに制止されてしまった。

タイミングを逃して失敗に終わってしまったものの、率兵入京《そっぺいにゅうきょう》といわれるこの大胆なクーデターは、入京阻止がなければ幕末の歴史が大きく変わっていたかもしれないほどの存在感を放っている。また彼はその猪突猛進する性格と行動力をもって、生麦事件の賠償問題にからむ第二次長州征伐でも小倉口総督として指揮をとっている。

徳川慶喜政権のもとでは外国御用取扱、外国事務総裁を務めた長行は、崩壊直前の幕府を支える役割も担った。しかし、思い立ったらすぐに行動するその性質が裏目に出ると、決まったように脆さやツメの甘さが出る。第二次長州征伐でも、幕府瓦解後の箱館五稜郭の戦いでも兵を残して戦線離脱してしまった。目標へがむしゃらに邁進する性格とその大胆な行動は、タイミングをつかみ、あと一歩つめていれば、歴史を大きく変えることができたかもしれない。

**小笠原長行**

大胆で行動力があった

英仏米蘭と互角に渡りあった

# 栗本鋤雲

(1822-1897)

外国奉行

**福沢諭吉は、明治政府に仕えなかった栗本鋤雲《じょうん》を、節操を守った幕臣として、高く評価した。**その鋤雲は、明治政府で要職を歴任した榎本武揚を「よく、俺の顔が見られるものだ」と罵ったが、榎本はまったく反論しなかったという逸話が残っている。

幕府の御典医喜多村家に生まれた鋤雲は、のちに医師から武士になり、外交畑で活躍したという変わり種の官僚だ。18歳から通った国内最高の学問の府・昌平黌《しょうへいこう》では、表彰されるほど優秀だったが、幕府に登用されることはなかった。その後、私塾を開いたとはいえ、米や味噌を買うのも困るような生活だったという。１８４８(嘉永元)年、27歳になった鋤雲は、奥詰医師栗本家の養子、つまり、医師になることによって世に出た。

運命が大きく変わったのは、１８５５(安政2)年、オランダから幕府に観光丸が献上されたからだ。幕臣の中から、観光丸の試乗希望者が募集された際、鋤雲は、これからの時代は医師にも軍艦の試乗経験は必要との思いから応募した。

しかし、「漢方を重んじるべき奥詰医師が西洋の軍艦に乗りたいとは何事か」といった理由で蟄居を命じられて職を追われてしまう。そして翌年、箱館に移り住んだ。

箱館の鋤雲のもとにフランス人のメルメ・カションがたずねてきた。鋤雲は、メルメ・カションに日本語の会話と読み書きを教え、同時にフランス語を習得した。鋤雲は日仏交流のきっかけをつくり、薬草園の経営や食用牛の飼育、生糸の生産などでも功績をあげた。

幕府も鋤雲の功績を認め、1862（文久2）年、医籍から士籍への身分替えという、当時としては異例すぎる人事を発令した。医師の身分のままでは、担当できる仕事に限界があったからだ。翌年、江戸に戻り、横須賀製鉄所の建設や陸軍の軍制をフランス式に改めるなど、鋤雲は、幕府の立て直しに辣腕をふるった。さらに、外国奉行としてイギリス・フランス・アメリカ・オランダの4カ国の公使が兵庫開港を早めるように迫った際には、公使たちと談判し、開港する日は元どおりとすることを約束させた。この際、ほとんど鋤雲ひとりだけの力で交渉をまとめたこともあって、評価が一段と高まったという。

1867（慶応3）年6月にフランスに派遣され、翌年の戊辰戦争の最中に帰国。明治になってからは、新政府からの誘いを断わって隠棲した。1873（明治6）年、郵便報知新聞に入社し、以降は、反骨のジャーナリストとして健筆をふるった。

**栗本鋤雲**

大抜擢に応えてみせた

外国奉行

(1818-1861)

外交の最前線で力を尽くした

# 岩瀬忠震

アメリカ・オランダ・ロシア・イギリス・フランスとの間の条約、いわゆる安政の五か国条約すべてに立会い、調印したのは、多彩な人材がそろった幕閣のなかでも、岩瀬忠震ただひとりだ。

明治になり、岩倉使節団の一員として渡米した旧幕臣の福地源一郎は、かつて、アメリカの初代駐日領事を務めたハリスと面会した。その際ハリスは、「当時、井上（清直）・岩瀬の諸全権は、綿密に逐条の是非を論究して余を閉口せしめたる事ありき。〈中略〉かかる全権を得たりしは日本の幸福なりき。かの全権らは日本のために偉功ある人々なりき」と忠震を絶賛したと、福地は書き残している。

１８１８（文政元）年、１４００石の旗本設楽《したら》家の三男として生を受けた忠震は、１８４０（天保11）年、23歳で８００石の旗本岩瀬家の養子になったことで、世に出るきっかけをつかんだ。

１８４３（天保14）年、忠震は当時、昌平黌大試験の乙科に合格した。その後、幕府に召し出されて昌平黌の教授にまでなっている。平和な時代であれば、学者としてその名を後世に残しただろうが、時代がそうはさせなかった。ペリー来航によって、幕府はこれまでにない対応を迫られることになったのだ。

忠震は、1854(安政元)年、老中阿部正弘によって目付に抜擢され、海防掛を命じられた。**37歳の忠震は、このときから幕府の外交をほとんど一身に担うことになった。**その後、軍制改正用掛、蕃書翻訳用掛、外国貿易取調掛を兼務するなど、活躍の舞台は増えていく。

1856(安政3)には下田出張を命じられ、アメリカのハリスと折衝。幕府内部では意見の対立があったものの、2年後に下田奉行の井上清直とともに、全権として日米修好通商条約に調印した。オランダ・ロシア・イギリス・フランスとの間でも条約の交渉に当たり、無事、調印にまでこぎつけた。

ところが、安政の五カ国条約調印直後の1858(安政5)年9月、忠震は突然、作事奉行に左遷された。実質的な幕政からの追放だった。13代将軍家茂の後継者をめぐり一橋慶喜擁立派に与したため、大老井伊直弼に睨まれたのだという。さらに翌年、作事奉行も罷免され、禄までもが奪われて永蟄居となる。江戸の向島に移り住んだ忠震は、ふたたび世に出ることなく、44歳で没した。明治維新の7年も前のことであった。

フランス式の軍制改革を手がけた
# 松平乗謨
(1839-1910)
陸軍総裁

星形の西洋式城郭といえば、函館の五稜郭が思い浮かぶだろうが、じつは長野県佐久市にも同様の城郭があった。龍岡城といい、田野口藩主の松平乗謨《のりかた》がみずから設計を手がけ、1867（慶応3）年4月に竣工祝いを行なった。ところが短命で、明治になっておもな建物が解体、あるいは移築され、敷地には小学校が建てられた。龍岡城は、現在も小学校の校地として使われている。

1852（嘉永5）年、13歳で家督を継いだ乗謨は、ペリー来航に衝撃を受け、みずからが率いる藩の軍事力を強化しなければならないと考えた。そのため、農民に軍事訓練を施し、兵に取り立てるという農兵制を採用した。さらに、オランダ語やフランス語を学んだこともあって、自藩の兵制をわが国独自の方法から、フランス式へと変更した。

こうした実績が評価されたのだろう。1863（文久3）年、乗謨は幕府の大番頭に任じられた。さらに同年、若年寄に昇進を果たした。歴代の藩主で、若年寄にまで進んだ者はいないだけに、幕閣の期待の大きさが推し量れようというものだ。その後、1865（慶応元）年には、陸軍奉行に就任しただけではなく、翌1866（慶応2）年には老中格に上り、さらに陸軍総裁に任じられた。**幕府陸軍のトップに立った乗謨は、軍制をフランス式に転換するとともに、フランス公使ロッシュの意見を参考に幕政改革を進めていった。**

しかし、京都にいた慶喜が、1867（慶応3）年10月に大政奉還を行なったとの知らせが飛び込んできた。江戸にいた幕閣たちは、仰天するとともに、慶喜を何とか翻意させようと決意した。その幕閣の代表が乗謨だ。乗謨は急いで京都に赴き、慶喜と会談した。この際、乗謨は幕府に代わる国政改革、ならびに軍制改革の案を述べたが、慶喜は乗謨の意見を採用することはなかった。

乗謨は、1868（慶応4）年1月の戊辰戦争勃発後に、陸軍総裁を辞任。同年2月、徳川家と決別するかのように、松平の姓を捨てて大《お》給《ぎゅう》恒《ゆずる》と改名し、新政府に恭順の姿勢を示した。その後は明治政府に登用され、勲章制度の調査・創設を命じられると、みずから勲章をデザインするなど、日本の勲章制度の完成に力を尽くした。

1877（明治10）年に西南戦争が勃発した際、乗謨は傷病兵を敵味方の分け隔てなく救済する必要性を感じ、佐野常民とともに博愛社、のちの日本赤十字社を設立している。

**松平乗謨（大給恒）**

慶喜に改革を説いた

## 鳥羽伏見の責任をひとりでかぶった
# 竹中重固

(1828-1891)

陸軍奉行

豊臣秀吉の軍師ともいわれた竹中半兵衛の血をひく竹中家は、江戸時代には、5千石の高禄の旗本に取り立てられ、明治になるまで続いた。竹中重固《しげかた》は竹中家の分家に生まれ、本家の竹中家を継いだが、長い間、幕府に登用されることはなかった。

しかし、1864（元治元）年5月に大番組頭に任じられてから、出世の階段を駆け上がっていくことになる。1866（慶応2年）には陸軍奉行並に昇進し、さらに、翌年10月、若年寄並陸軍奉行に就任する。もっとも、同年12月に王政復古の大号令によって、幕府の役職はすべて廃止されてしまったため、重固の陸軍奉行在任は、わずか2カ月足らずだった。

王政復古の大号令の後に行なわれた小御所会議によって、辞官納地が決定した。これは、15代将軍慶喜の官位を返上させるだけではなく、徳川家の領地をすべて朝廷に差し出せというものだ。徳川家が領地を失えば、旗本・御家人は、たちまち路頭に迷うことになる。

この過酷すぎる措置に、旧幕府の将兵らは激昂し、薩長討つべしとの論議が巻き起こったが、重固は、その急先鋒のひとりだった。

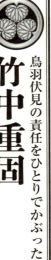

1868（慶応4）年1月、約1万5千名の旧幕府軍が、伏見と鳥羽の両街道から京都へ進軍を開始した。重固は伏見方面軍を指揮したが、敗北。やがて旧幕府軍は、大坂まで撤退を余儀なくされ、指揮をとるべき慶喜は将兵を置き去りにして、江戸に向かってしまう。

江戸に逃げ帰った慶喜は、鳥羽・伏見の戦いの敗戦の責任は重固にあるとして、重固を免職して逼塞処分を言い渡す。重固は名誉挽回とばかりに、純忠隊を率いて上野戦争を戦うが、またもや敗北。今度は、上野の寛永寺におわした輪王寺宮公現法親王をお連れして、会津に入国。会津では、新政府から目の仇にされた会津藩を救うべく、奥羽越列藩同盟の結成に尽力するなど、重固の戦闘意欲は衰えることがなかった。

会津藩の降伏後、仙台で新政府軍に降伏した人も少なくはなかったが、重固は蝦夷地にまで渡る。**蝦夷地では、先祖や親類に迷惑をかけることはできないと竹中の姓を捨て、吉野春山と名乗ってまで戦いを続けた。**

**竹中重固**

新政府軍と戦い抜いた

だが、1869（明治2）5月、蝦夷地が平定されたために投降。領地没収に加え、官位剥奪の処分を受けた。

俗に、旗本八万騎といわれたほど多数いた旗本だが、重固のように沈みゆく徳川家に最後まで忠誠を尽くそうと戦い抜いた高禄の旗本は、ほかに例を見ない。

日本海軍の基礎を築いた

# 永井尚志

（1816-1891）

軍艦奉行

徳川慶永のブレーン・橋本左内は開国への対応や将軍継嗣問題に対処すべく、雄藩内閣を構想していた。橋本はその補佐役として川路聖謨や岩瀬忠震に加え、長崎海軍伝習所を創設した永井尚志の名を挙げた。尚志は橋本に「海外にも乗り出そうという意欲のある有司（役人）」と評されたように、対外問題など時局の最前線で誠心誠意力を尽くした。

尚志はもともと奥殿藩松平家に生まれたが、すでに父の継嗣・乗羨《のりよし》に家督が譲られていたため、旗本・永井尚徳《なおのり》の養子となった。昌平坂学問所で学び、その秀才ぶりを認められて32歳で小姓組番士となった尚志は、ペリー来航を機に38歳で目付として登用される。取り立てられるのは遅かったが、小姓番からの抜擢は異例であった。

ペリー来航をきっかけに幕府は軍艦購入の方針を定め、日本人乗組員を養成する海軍伝習所の創設を決定した。**阿部正弘から海軍伝習事業の統括を命じられた尚志は、長崎海軍伝習所の総責任者としてその創設に尽力。**まとめ役としてその手腕を発揮したのみならず、伝習生の人選において所属や職分を問わず有能な者を採用し、多くの人々に門戸を開いた。

この採用方針の結果、長崎海軍伝習所からは海軍軍人だけでなく、のちに近代日本建設に貢献することとなる多くの人材を輩出した。さらに艦船の修造設備を整えるべく、長崎製鉄所の建設にも着工。オランダ人技師の協力のもと、近代的な造船所が完成した。のちに世界遺産となる三菱重工業長崎造船所の起源である。

長崎での経験から攘夷論を捨て、**積極的に開国論を唱えるようになった尚志は、江戸に戻ったのち、外国奉行として対外折衝に当たった。**ロシア、オランダ、イギリス、フランスとの通商条約の交渉と調印に奔走。その後尚志は軍艦奉行となるが、将軍継嗣問題を機に井伊直弼から厳罰に処され、以降4回にわたって幕府の処分を受けている。

何度も処罰を受けたのは能力がなかったからではなく、目の前の困難に果敢に取り組んだ結果だ。徳川慶喜が大政奉還の意志を示した際も、多くの幕閣が朝廷からの差し戻しを予想するなか、側近だった尚志は、ただひとりその実現を推進した。

**永井尚志**

長崎で活躍した

幕府瓦解のあと、榎本武揚らと箱館に渡った尚志は、箱館奉行を務めて五稜郭に籠もるも降伏。釈放されたのち明治政府に仕え、北海道開拓使を経て元老院権大書記官となった。

なお、尚志は三島由紀夫の父方の高祖父にあたる人物だ。

生涯、徳川家のために尽くした

# 勝海舟

(1823-1899)

海軍奉行並

江戸総攻撃が目前に迫る1868(明治元)年3月、田町の薩摩藩邸では新政府軍の参謀・西郷隆盛がある男と対峙していた。軍事取扱に任命され、徳川家の全権を委任された勝海舟である。海舟は西郷と会見し、のちに江戸を戦火から救うことになる、江戸城無血開城へと導いた。

最終局面において徳川家の全権を任された海舟は、終生無役の旗本だった勝小吉の長男として生まれ、その幼少期は貧乏生活を送っていた。そんな彼が出世の糸口をつかんだのは蘭学の学習だった。幼名は麟太郎《りんたろう》、諱は義邦《よしくに》という。

## ◆海軍の第一人者となり有志を教育

海舟は従兄の道場で剣術を学んだことをきっかけに島田虎之助と出会った。島田の勧めで蘭学を学び、**西洋兵学を身につけていた海舟は、ペリー来航に際して幕府に軍制改革を求める海防意見書を提出したところ、その見識を大久保忠寛や阿部正弘にみいだされた。**

蕃書翻訳御用を命じられ、ついで長崎海軍伝習所へ派遣されることになる。

長崎でのオランダ軍人による海軍伝習を経て、幕府海軍の第一人者になった海舟は咸臨《かんりん》丸《まる》の「艦長」（正式には教授方頭取という立場）として、日米修好通商条約批准のため渡米するポーハタン号の航海に随行した。１００名近い乗組員とともに難船の危機を乗り越え、太平洋を横断した海舟はサンフランシスコに到着。アメリカ国内を観察して知見を広め、帰路ではハワイにも立ち寄って国王への謁見を果たした。

帰国後、海舟は将軍家茂の許可を得て、神戸海軍操練所の開設に着手。松平慶永や横井小楠の影響を受け、幕府の私政ではなく挙国一致の海軍建設を目指した**海舟は、海軍操練所で幕臣のみならず諸藩士、脱藩浪士にも広く門戸を開いて全国の有志を教育し、のちの日本海軍の創建に寄与した。**

**勝海舟と坂本龍馬の像**

勝の器量に坂本龍馬（右）も心服

とりわけ土佐藩出身者や福井藩士が続々と入所し、坂本龍馬も在籍。龍馬を育てたことも、勝の功績のひとつである。龍馬は海軍の重要性を説く勝に惚れこみ、「日本第一の人物」と称賛したという。

## ◆徳川家と幕臣の救済に身を賭した

鳥羽伏見の戦いでの徳川慶喜の敗走を受けて、江戸城内には「新政府軍迎え撃つべし」という強硬論が大勢を占めていた。新政府軍も京都を発ち、江戸城総攻撃が計画されるなか、あらたに軍事取扱に任命されて陸海全軍の統括者となった海舟は冷静に状況を分析し、新政府軍に恭順の姿勢を示すことを決める。

西郷と会談した海舟は、全軍艦の引き渡しや責任者の斬首など無条件降伏を要求する西郷に対し、条件緩和の希望を提示。この交渉の結果、江戸城総攻撃は中止となり、新政府内では徳川家側の要望を飲んだ最終処分案が決定された。かくして江戸城は無血開城となり、江戸は戦火から逃れた。

維新後、海舟は新政府から出仕を求められ、海軍卿や元老院議官、枢密顧問官、貴族院議員などさまざまな公職に任命されたが、いずれも短期間で辞任。海舟は新時代において、旧幕府の混乱を抑えるべく、徳川家の後見や旧幕臣の生活救済に努めた。

徳川家達に従って静岡藩に移った海舟は、静岡藩の陸軍士官学校である沼津兵学校に奥羽・箱館の敗れた者たちを採用。また、みずからの幅広い人脈を活用して落魄した旧幕臣らの職を斡旋し、他藩への人材貸出や新政府への出仕を進めた。旧幕臣出身者らの要望で旧幕臣・静岡県出身学生の育英事業である静岡育英会が結成された際も、海舟は学資補助を行なっている。

晩年、海舟は政府による歴史書編纂事業にも協力した。『海軍歴史』『陸軍歴史』『吹塵《すいじん》録《ろく》』『開国起源』の編纂に携わり、幕府の事蹟を客観的にまとめた資料集を後世に残している。さらに、**朝敵とされていた徳川慶喜の雪冤《せつえん》のため身命を賭して尽力。**その結果、1898（明治31）年には慶喜は明治天皇に拝謁し、朝敵の汚名を返上した。

幕臣時代から多くの大任を果たしてきた海舟だが、上役とよく衝突していたため上司受けが悪く、左遷・罷免をくり返すこともままあった。しかし、分け隔てしない大らかな人間的魅力が志をもつ多くの人を惹きつけ、彼の周りにはつねに人の輪があったという。

その「来る者拒まず」の姿勢で幅広い人々にチャンスを与えた海舟は、海軍や明治政府に多彩な人材を送り出した。そしてその勇気と胆力をもって、歴史を揺るがす重要な局面を乗り切り、最後まで徳川家への忠義を尽くしたのだ。

天皇にも信頼された名君

# 松平容保

（1834-1893）

京都守護職

洋装の礼服を着た男性４人が写る一枚の写真がある。写っているのは、右から、徳川慶《よし》勝《かつ》（尾張徳川家）、一橋茂栄《もちはる》（尾張徳川家、一橋家）、松平容保（会津松平家）、松平定敬《さだあき》（桑名松平家）であり、彼らは俗に「高須四兄弟」と呼ばれている。

美濃高須藩松平家は、御三家尾張徳川家の支藩で、尾張家に後継者がいない場合に備えて立藩された。高須藩第10代藩主義建《よしたつ》は子福者だったが、成人した男子のうち４人が幕末に名前を残したこともあって、彼ら４人はのちに、「高須四兄弟」と呼ばれた。

会津家中が騒ぐほどの美男子だといわれた容保は、１８４６（弘化３）年、12歳で会津松平家の養子となり、１８５２（嘉永５）年、養父が亡くなったため、跡を継いで藩主となった。当時、すでに日本近海に外国船が頻繁に姿を現わしていたこともあって、会津藩は房総半島の警備を担当していたが、翌年のペリー来航によって、品川沖に台場が建設されることになると、会津藩は房総半島の警備の任を解かれて第二台場の警備を担当。さらに、１８５９（安政６）年、今度は、蝦夷地の警備を命じられた。

## ◆固辞し続けた京都守護職に就任

1860(万延元)年、桜田門外の変が起こった際、13代将軍家茂は、水戸家に兵を出そうするほど激怒したが、幕府と水戸家の間で争っている場合ではないと、家茂をさとしたのが容保だった。**家茂の信頼を得た容保は、1862(文久2)年5月、幕政参与に任じられた。**

一方、京都には天誅の嵐が吹き荒れていた。もはや既存の京都所司代や京都町奉行では過激な志士を抑えることができなくなっていたのだ。そのため幕府は京都守護職を新設し、同年閏8月、容保を任じた。しかし、容保自身が再三固辞しただけではなく、国元の会津から急きょ家老が江戸に出てきて容保の京都守護職就任を止めようとした。だが結局、容保は藩祖保科正之《ほしなまさゆき》の遺訓にしたがって、徳川家のために力を尽くそうと語り、君臣ともに涙して任務を受け入れることに決めたのだ。

精兵千名を率いて京都に上った容保は、すぐには過激な志士を取り締まろうとしなかった。まずは、国事に関することなら遠慮なく申し出よと布告したのだ。話せばわかると思っていたのだろうか。ところが、そのやさしさが裏切られるときがくる。

1863(文久3)年2月、志士たちが尊氏・義詮《よしあきら》・義満という足利3代の将軍の木像の首を引き抜き、三条大橋の下に晒したのである。これはもちろん、同じ武家政権である徳川家への強烈な宣戦布告といっていい。容保は激怒し、犯人逮捕を厳命した。

## ◆孝明天皇から寄せられた厚い信頼

その後、８・18の政変や池田屋事件、禁門の変の勝利などによって、京都の治安は急速に回復していく。これは、容保が京都守護職としての職務を忠実に果たしたからだが、その職務の遂行には、孝明天皇が、容保を深く信頼していたことも大きく働いた。たとえば禁門の変後の１８６４(元治元)年２月８日には、孝明天皇から御宸翰《ごしんかん》(自筆の文書)をいただくという栄誉に浴している。

しかし、幕府は同月11日、容保に京都守護職を辞めさせ、陸軍総裁に任じ、13日、さらに軍事総裁に進めた。これは、長州征伐のためで、容保は副総督にあてられたのだ。すると、京都守護職を免ぜられたのは残念だという趣旨の手紙を孝明天皇からいただくなど、やはり、容保には絶大な信頼が寄せられていた。結局、50日ぶりに容保が京都守護職に復職を果たしている。

１８６７(慶応３)年の王政復古の大号令によって京都守護職は廃止されたが、すでに、討幕の密勅が薩長両藩に下されていた。さらに、討幕の密勅とは別に、松平容保を誅戮せ

## 高須四兄弟

左から松平定敬、松平容保、徳川（一橋）茂栄、徳川慶勝

よとの勅書も下されていたが、このとき容保を深く信頼していた孝明天皇は、すでに亡くなっていた。

戊辰戦争がはじまると薩長両藩の憎悪は会津藩に集中し、鶴ヶ城は陥落。旧藩士は下北半島に移住させられ、筆舌に尽くしがたい辛酸をなめる。

**明治に入ってから、御宸翰の存在を知った政府が高額で買い取ろうとしたが、容保はけっして首を縦には振らなかった。**

ついに、御宸翰を生涯だれにも見せることなく、59年の生涯を終えた。

御宸翰の内容がはじめて明らかになったのは、『京都守護職始末』においてだった。1911（明治44）年、容保の死後、すでに18年が過ぎていた。

兄とともに幕府への忠誠を貫いた

# 松平定敬

(1847-1908)

京都所司代

御三家尾張徳川家の支藩である美濃高須藩主の七男に生まれた松平定敬は、1859(安政6)年、徳川家康の弟を藩祖とする伊勢桑名藩主松平家の養子となり、14歳の若さで藩主となった。前の藩主が急死したため、急いで養子縁組を交わしたともいう。1863(文久3)年、将軍としては238年ぶりに徳川家茂が上洛したが、**定敬は、同年と翌年の2回、家茂の上洛にともなう京都警備を命じられるなど、重要な役目を果たしている。**

1864(元治元)年4月、京都滞在中の定敬は、将軍家茂から、京都所司代に任じられた。幕閣では老中に次ぐ重職である京都所司代には、これまで譜代大名が任じられていたが、すでに実兄の会津藩主松平容保が京都守護職に就任していたため、御家門の家としては異例ながら、容保を助けるためにと、19歳の定敬が任じられたという。

同年6月、新選組の名前を一躍有名にした池田屋事件が起こる。桑名藩士も約200名が出動した。7月に起こった禁門の変での桑名藩は、竹田街道と御所の御台所御門の守衛を担当し、犠牲者を出しながらも定敬は京都所司代の勤めとして、孝明天皇の側近くに控えていた。そのかいあって、変の鎮定後に孝明天皇から鞍一具を賜っている。

1867(慶応3)年12月、王政復古の大号令によって、従来の官職および幕府の諸役が廃されることになったが、京都所司代もその例外ではなかった。翌年1月3日に勃発した鳥羽伏見の戦いには、桑名藩も参戦したが、敗戦。大坂城に退いた定敬は前の将軍徳川慶喜によって開陽丸に乗せられ、11日に品川に到着。定敬は、慶喜に対してあくまでも戦って徳川家の威信を回復するように訴え続けたが、聞き入れられなかっただけではなく、2月10日、兄容保とともども登城禁止を言い渡されてしまう。

その後、兄容保は藩地である会津に向かったが、すでに新政府軍への恭順と藩論が定まった桑名には、定敬の帰る場所はない。そこで定敬は、飛び地である越後の柏崎に向かった。越後で勇名をはせた桑名藩隊だが、戦に利なく会津若松に赴いた。会津若松でも戦況が不利に傾いたため、定敬は仙台に移動。**仙台でも定敬はあくまでも抗戦を主張し、榎本艦隊とともに蝦夷に渡った。**ただし、箱館戦争終結前の1869(明治2)年4月、蝦夷を脱出し、上海を経て、5月に帰国後、1872(明治5)年まで、謹慎生活を送った。

その後の定敬は、桑名藩ゆかりの戦跡を訪ねては戦没者の供養を行なうなどの余生を過ごした。

**松平定敬**

最後まで戦おうとした

西洋に負けない国づくりを唱えた

# 古賀謹一郎

（1816-1884）

蕃所調所頭取

よほどの歴史好きでもない限り、古賀謹一郎《きんいちろう》という名前を聞いて、何をやった人物なのかを説明するのはむずかしいのではないだろうか。祖父・父とも昌平黌の儒官を務めた古賀は、１８３６（天保7）年、21歳で大番入りすることによって世に出た。のちに儒者見習になり、父の死後、御儒者に挙げられている。

**儒者見習になったころ、古賀は独学で蘭学の勉強をはじめたようだ。**儒者にもかかわらず、蘭学を修めたのが古賀の変わったところだが、それは、父侗庵《とうあん》の影響が大きかったのではないだろうか。侗庵は、漢学に関する著作以外にも、ロシアやイギリスの情勢、我が国の海防に関する著作もあるという変わり種の儒者だったからだ。

また、その著作では実質的な開国論を唱えており、古賀の開国論が侗庵に由来することはまちがいないだろう。

アメリカのペリー来航後に加えて、ロシアのプチャーチンの来航後にも、古賀は幕府に建言を行なっているが、この建言もプチャーチンを江戸に招くべきといった、当時として

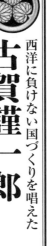

はかなり思い切った内容をともなっていた。

プチャーチンとの交渉に当たって、老中阿部正弘は、古賀を応接使のひとりに選んだ。10回ほど数を重ねた長崎での交渉は、結局実らなかった。

だが、長崎ではオランダ人による科学の実験にふれ、佐賀藩の大砲製作を目にするなど、得るところは多かったようだ。

1854（安政元）年10月、プチャーチンが、今度は下田に入港したため、古賀もまた、応接使のひとりとして下田に向かった。ただし、前回とはちがった点があった。すでに日米和親条約が締結されており、下田が開港場になっていたことだ。ロシア船ディアナ号破損の原因になった大津波から命からがら逃げるという出来事があったものの、無事に日露和親条約が結ばれ、古賀はアメリカとの交渉にはじめて参加した。

翌年3月、アメリカ人が日本近海の測量許可を求めるという事件が起こった。これまで数度にわたる古賀の建言を読んでいた老中阿部正弘は、測量について、古賀に思うところを述べよと命じた。**感激した古賀**

**蕃所調所の跡地**

東京大学のもとになった機関のひとつ

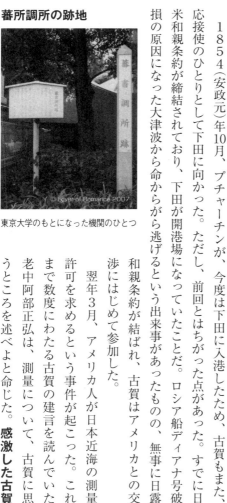

**は、貿易によって国を富ませるほか、西洋の技術を取り入れ、さらに、西洋諸国に負けない軍備を整えるなどの富国強兵策を主とした長文の建言を行なった。**だが、この古賀の建言が生かされることはなかった。

## ◆東京大学の源流・蕃書調所を設立

同年8月、古賀は老中阿部正弘から、自身の建言によって設立が決まった洋学所頭取を命じられた。洋学所とは、東京大学の源流のひとつであり、のちに蕃書調所《ばんしょしらべしょ》に変わるが、内容は古賀の開明性をよく示している。生徒・教官とも幕臣だけに限らないという身分制度を越えた実力本位を採用しただけではなく、書物なども貸し出し、日本全体の科学技術発展のために寄与する存在と意義づけていたのだ。

1862(文久2)年、古賀は蕃書調所を免職になった。その後、製鉄所奉行や目付に起用されたが、華々しい活躍を見せることはなかった。

幕府瓦解後の1868(明治元)年10月、古賀は、一家を挙げて静岡に移り住み、静岡で5年間暮らした後、東京に戻ってきた。この間、明治政府から招聘されたが、二度にわたって断わり、その後、古賀は世に出ることなく生涯を終えている。儒者だった古賀は、二君に仕えずという儒教の教えを守り抜いたのではないだろうか。

# PART 3

# すごい外交・軍備

## ～幕末幕府の海防～

# 「ひたすら打ち払うだけ」ではなかった！
# 外国船への対応にみる柔軟な外交戦略

幕末における幕府の最大の失敗は、黒船の来航になすすべがなく、世論を無視して不平等条約を締結したことと思われがちだ。しかし実際には、突然の開国によって国内が混乱に陥ることを見越し、慎重に政策を進めていた。その経緯を振り返ってみよう。

19世紀になると、外国船は日本の近海に現われ、蝦夷（北海道）や千島などではロシア人との衝突が起こった。

また、イギリス船が長崎に侵入して水や薪を奪った1825（文政8）年フェートン号事件は、幕府に衝撃を与えた。

200年近く太平の時代が続いたことから軍備はおろそかになっていたが、ロシアに対する警備は迅速だった。お庭番の間《ま》宮林蔵《みやりんぞう》らに、測量の名目で蝦夷や樺太（サハリン）の調査を実施させている。さらに、八王子の千人同心を警備と開拓のため蝦夷へ送ったり、東北諸藩に領内の海岸警備を命じたりと手を打っている。

外国船への備えでは、長崎や江戸へつながる江戸湾の警備を重視した。「異国船が近づ

## ゴローニンと高田屋嘉兵衛の像

嘉兵衛の出身地である淡路島（兵庫県洲本市）に立っている

いたらその場で打ち払うこと」「船員が上陸しようとしたら捕縛もしくは殺害することもかまわない」と武力行使を認めた外国船打払令も、1825（文政8）年に発している。

その一方で、**外国人とのトラブルが発生した場合は、平和的に解決している。**1811（文化8）年、千島列島を測量していたロシア人ゴローニンを捕らえ、その報復で日本人の高田屋嘉兵衛《たかだやかへえ》がロシアに捕らえられる事件が発生。このとき、幕府は話し合いの末、双方を釈放して解決した。

外国船打払令を発する少し前の1824（文政7）年には、常陸（茨城県）の大津浜で、大勢のイギリス人が食料を求めて上陸して水戸藩に拘束される事件が発生。水戸藩内には異人を殺そうとの意見も起こったが、現地に派遣された幕府代官古山善悟がイギリス人を尋問した結果、食料などを与えて釈放している（大津浜事件）。

幕府は「敵意がなければ穏便に対処すべし」という1791（寛政9）年の異国船取扱令で決めた方針にのっとったのだ。

## ◆アヘン戦争の情報を分析して政策を転換

天保年間、老中の水野忠邦を中心とする幕府閣僚は、批判する蘭学者たちを不穏分子として弾圧するなど外国に強く臨む姿勢をとり続けたが、隣国の清で1840（天保10）年に発生したアヘン戦争についてオランダ経由で知らされた。

本来なら、アヘン戦争は海を隔てた他国の出来事として片づけられるが、**幕府はアヘン戦争の情報を調べ上げ、以後の政策に反映させている。**長崎を通じて入手した情報が幕閣まで届けられ、分析までに至った伝達力も注目される。

清の敗北に対する衝撃も大きかったが、幕閣は清の強行策が戦争を招いたという経緯をすぐに理解し、外国船打払令を再考した。西洋諸国は日本を上回る力をもつ。またなまじ厳しく武力であたるのは、戦争の口実になりかねないことを認識したのだ。

その結果、アヘン戦争が終結した1842(天保12)年中には、外国船打払令から薪水給付令《しんすいきゅうふれい》に改めた。遭難した外国船については、薪や水などを与え、穏やかに立ち去ってもらうとしたのだ。これは強固な防備を完成させるまでの時間稼ぎという意味合いもあった。

天保の改革失敗により忠邦が失脚したあとは、阿部正弘が海防掛として対外政策にあたった。外国船が江戸湾に来航した際に、湾入り口の浦賀沖に留め置き、役人や兵、通訳などが急ぎ対応する体制を整えている。

1845(弘化2)年にマンハタン号、翌年にもビッドル率いるアメリカ艦隊などが来航したが、阿部はほかの幕閣と相談して、通商などの外国側の要求に応じない幕府の意向を伝え、大きなトラブルもなく引き取らせた。

日本は、異国船取扱令を発してからペリー来航までおよそ50年の間、そのあと発生した攘夷運動のような外国との事件が発生することを避けたかった。諸藩もまた、幕府の指示に従っている。

日本と欧米諸国の大きく隔たる国力や技術の差を考えれば、武力を行使して衝突を招くことなく、平和的に時間をかけて開国に至った流れは、当時として賢明な選択といえる。

# 国際社会へ華々しくデビューした海外使節団のメンバー

もくもくと煙を吐きながら、駅のプラットホームに入ってきた黒い鉄塊の蒸気機関車がゆっくり停止する。その客車から、紋付袴に腰には刀を差し、異様なチョンマゲ姿の男たちが次々と現われた——遣米使節団の一行である。

日米和親条約が締結されてから6年後の1860(万延元)年、幕府は日米修好通商条約の批准書を交わすため、アメリカに使節を派遣する。正使新見正興《しんみまさおき》、監察小栗忠順《おぐりただまさ》をはじめとする77人の派遣団はアメリカ船ポーハタン号に便乗して、1月に日本を出発した。

同船はハワイ、サンフランシスコを経てパナマに到着したあと、鉄道に乗り換えて東海岸へ向かい、ポトマック河からニューヨークに入った。使節団は5月半ばにアメリカ大統領ブキャナンなど政府の要人と対面し、批准書の交換や当時問題になっていた為替レートについて話し合う。各地で熱烈な歓迎と交歓が行なわれた。1月近くアメリカに滞在したあと、大西洋からインド洋を伝って、日本へ9月に帰国した。

8カ月におよぶ長い航程で、彼らは地球を一周したのだ。

## 1860年の遣米使節

開国後、はじめて海外を訪れた一行。横浜からハワイを経由してサンフランシスコに至った

新見をはじめ、使節団のメンバーは規律正しく堂々とした態度で臨んだ。小栗は為替レートについてアメリカの高官を相手に詳細を説き改善を訴えた。

**初の国家間経済交渉において、使節団のメンバーは予想以上に経済に通じた博識ぶりと弁舌を発揮してみせた。**

このとき、同行して通訳を務めた18歳の立石斧次郎《たていしおのじろう》は、愛らしい容貌からアメリカ婦女子の人気を集めた。「トミー」の愛称で呼ばれて社会現象になったほどである。

なお、新見も美男子で知られ、美貌は娘にも引き継がれた。彼の孫娘は、近年の連続テレビ小説でも取り上げられた柳原白蓮《やなぎはらびゃくれん》である。

## ◆パリの万国博覧会で日本文化のPRに成功

幕府はヨーロッパ諸国とも相次いで修好通商条約を締結したが、これが日本国内を混乱させ、尊王攘夷運動を招いてしまう。

そのため条約に基づく開港を延期もしくは中止してもらおうと、1862（文久2）年にヨーロッパへ交渉の使節を送った（文久遣欧使節）。翌年にも、今度は攘夷運動で発生したフランス人殺害の賠償と開港が決まった横浜を封鎖する交渉のため、池田長発《ながおき》を代表とする第二次使節団を送り込んでいる。

幕府側の要求は相手にされなかった。帰国後、池田は交渉失敗の責任を取らされ処罰されたが、陸海軍の増強や国際間の交流の必要を説いた建白書を提出した。内容は的確であり、幕府はそのとおりに陸海軍を創設する。イギリスにも多くの留学生を送るなどの政策を実施した。**幕府に続いて、各藩からも留学生が送り込まれたが、彼らは高い技術や知識を習得して帰国し、日本の近代化に貢献していく。**

海外使節派遣は、文明が遅れた東洋の一小国と見られてきた日本について好印象を与えた。とくに1867（慶応3）年のパリの万国博覧会の参加が特筆される。

幕府は、フランスなど諸外国に武器や借款《しゃっかん》（国どうしの長期資金貸借）の援助を求める目

## パリ万博の日本使節団

日本がはじめて公式参加した万博。幕府のほか薩摩藩と佐賀藩が出品した

的から、フランス公使レオン・ロッシュの仲立ちにより使節団29名をフランスに派遣した。15代将軍徳川慶喜の弟で14歳の昭武《あきたけ》が名代を務め、パリにおいて皇帝ナポレオン3世と謁見を果たす。このとき、薩摩藩が薩摩琉球国を名乗り、幕府と別で参加するトラブルが発生し、異国の地で斬り合いになりかねなかったが、抗議程度に済ませた。万博が国際社会の舞台であることを認識し、胸をさすって対応したといえるだろう。

何より万博における展示物、日本の絵画や陶器、加えてあでやかな芸者の出で立ち、茶菓の接待なども合わせて大好評を博す。以後ヨーロッパにジャポニズムと呼ばれる大ブームを引き起こした。

日本は、使節団を送った本当の目的、欧米各国と対等な関係を結ぶには至らなかった。しかし、海を越えて欧米各国へ使節団を送ったことは、国際社会への第一歩を踏み出すものだった。

# 大国ロシアの脅威にひるまなかった箱館における警備対策

函館の五稜郭は戊辰戦争最後の戦いの地として知られるが、もとはロシアの脅威に備えて築かれた城塞である。18世紀後半、日本とロシアの間には国境が定まっておらず、樺太(サハリン)、千島で双方の国民が暮らしていた。また幕府は箱館一帯を一時直轄地とし、奉行所を設けている。天保時代に描かれた「天保年間箱館真景」によると、このころから箱館の湾内には多くの船が停泊し、陸地には多くの住居が立ち並んでいた。

ペリーが来航した1853(嘉永5)年、プチャーチン率いる艦隊が日本に開国を迫り、樺太の久春古丹《クシュンコタン》にはロシア兵が進駐し、緊張が走った。

幕府は交渉の一方で、秋田藩など東北諸藩に蝦夷を守らせる。2年後の1855(安政元)年に日露和親条約を締結した。ペリーとの日米和親条約ではアメリカへの最恵国待遇や箱館・下田開港などアメリカ側の要求を認めているが、日露和親条約では、開国要求より長年定まらなかった国境の設定も話し合われた。

しかし、**老中の阿部正弘はロシアへの警備を怠らず、蝦夷の防備を強化するように命じ**

**た。箱館の開港で新しい紛争が起こる危険を予想したためで、そのとおり1860(安政6)年に箱館が開港すると、外国船が続々と来航し居留地が設けられていく。**

このとき西洋の築城技術を取り入れた五稜郭の築城が進行していた。築城技術など多くの分野に秀でた武田斐三郎《あやさぶろう》の設計である。星型のデザインゆえに五方向に突端があり、近づく敵を挟むように銃砲を浴びせられる構造だ。加えて堀の外に半月堡と呼ばれる防衛拠点を設ける、天守閣などの高層建築物を無くして砲撃の被害を抑えるなどの工夫を凝らした。1857(安政3)年から工事を開始して、1866(慶応2)年に完成させた。もっとも予算不足で工事は遅れ、当初の予定より施設の縮小を余儀なくされた。

**現在の五稜郭**

内部は公園になっている

幕府は蝦夷開拓にも力を入れている。かつて八王子千人同心を開拓民として送り、厳寒で大きな犠牲を出した。当時の農業技術では蝦夷の開拓は至難の業である。文久年間にも旗本や御家人の志願者、浪人など200人を送り込んだが、これも失敗に終わった。

戊辰戦争では、榎本武揚の箱館政権が五稜郭に立て籠ったが降伏。明治時代には屯田兵政策が進められ、箱館も函館と改名されて、北海道開拓の拠点になる。

# 列強の関係性を巧みに利用し、対馬をしぶとく守り抜く

北九州と朝鮮半島に挟まれた対馬列島は、古くから元寇、倭寇、朝鮮出兵などで前線となり、たびたび侵攻の矢面に立たされてきた。

江戸時代になると、幕府は朝鮮と古くから交流が続いた対馬藩を仲介役として、朝鮮からの通信使を受け入れる一方、釜山に建てられた倭館を通して貿易を進めた。また対馬に以酊庵《いていあん》という寺院を設け、朝鮮の文化・制度に精通した僧や儒者を赴任させた。そこでは日朝双方の外交文書の管理作成などで不備が生じないように気を配っている。

江戸時代後半、対馬をめぐって次々に問題が発生した。ひとつは朝鮮との貿易が振るわなくなり、対馬藩の財政が急速に悪化したこと。これに対して幕府は対馬藩が拠出していた通信使にかかる費用の一部を負担するなど援助の手を差し伸べている。

対馬にとって脅威となったのは、朝鮮半島だけではなかった。18世紀後半から日本に開国を求めてきたロシアである。アヘン戦争後の南京条約によって沿海州を手に入れたロシアは、日本海から黄海へ乗り出していた。日本海の入り口にある対馬の近海にはロシア船

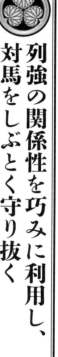

が出没し、1861(文久元)年にロシアの軍艦ボサードニク号が測量目的で対馬に停泊すると、水兵が上陸してそのまま居座るという事件が起こる。

さらに、ロシア兵に銃撃されたり、藩士が拉致されたりして死者も出た。やがて、ロシアは対馬の租借まで要求するようになる。対馬藩内には攘夷派の武士も少なくなく、武力衝突の危険が迫っていたのだ。

このとき幕府は、小栗忠順を現地に派遣するなどして、外交交渉による解決に徹した。小栗の交渉は失敗したが、老中の安藤信正が勝海舟の助言によりイギリス大使オールコックに依頼し、介入してもらうこととした。

その結果、**イギリスの軍艦が現地に急行して圧力をかけ、ボサードニク号を対馬から引き揚げさせた。**少し前、ロシアはクリミア戦争でイギリスに敗北していた。幕府はこの状況を利用したともとれる。

ボサードニク号は半年間対馬に停泊したが、藩士たちはロシア兵を襲うことはなかった。幕府から隠忍自重するよう命令が行き届いていたからだ。選択をまちがえれば、対馬を奪われる恐れもあったが、幕府は武力ではなく、イギリスを利用して穏便な解決に成功したのだ。

**オールコック**

幕閣の相談相手でもあった

# しぶとく粘った川路聖謨と国際法の知識を活用した水野忠徳

ペリーの巧みかつ強引な交渉によって、幕府は１８５４（安政元）年に日米和親条約を締結した。内容はことごとく日本に不利であったといわれるが、幕府側も巧みな外交作戦で対抗し、その一部を訂正させるなど成果を得たことはあまり知られていない。以下で、そのいくつかの事例を示そう。

幕府は下田と箱館の開港、漂流民の保護、物資の補給を認めたが、さらにアメリカは通商についても求めていた。このとき交渉にあたった林復斎以下の儒者たちは、日本は長い間国内だけで自給してきたことを示し「国交を結ぶ目的は近海で遭難した場合の救助にあり、貿易は二の次で必要ないはず」と述べた。

**理路整然とまくしたてる儒者たちの理屈に気圧《けお》されて、日本について周到に学習して交渉に臨んだペリーは、通商について取り下げざるを得なかった。**このほか開港した下田と箱館についても、外国人の行動範囲を規制することを認めさせている。

幕府側は一方的に屈したわけではなく、アメリカから一定の譲歩も引き出したのだ。

## ペリー来航までの流れ

| | |
|---|---|
| 1778年 | 厚岸（蝦夷地）にロシア船が来航 |
| 1792年 | 根室（蝦夷地）にロシア使節ラクスマンが来航 |
| 1804年 | 長崎にロシア使節レザノフが来航 |
| 1806〜1807年 | ロシア船が樺太・択捉を襲撃 |
| 1808年 | フェートン号事件 |
| 1818年 | 浦賀にイギリス人ゴードンが来航 |
| 1825年 | 異国船打払令 |
| 1837年 | アメリカ船（モリソン号）が浦賀などに来航 |
| 1840年 | アヘン戦争 |
| 1842年 | 天保の薪水給与令 |
| 1844年 | 琉球にフランス船が来航 |
| 1846年 | 浦賀にアメリカ使節ビッドルが来航 |
| 1853年 | 浦賀にアメリカ使節ペリーが来航、長崎にロシア使節プチャーチンが来航 |

## ◆小笠原諸島喪失の危機

ペリーから少し遅れて、ロシアのプチャーチン率いる艦隊が来航した。プチャーチンは日米和親条約が締結されたことを知ると、大坂湾を経て下田へ入り交渉を訴えた。

最初幕府は交渉に応じようとしなかったが、安政東海地震のとき、下田で救助活動に協力し合ったことなどから友好的なムードが芽生えた。結局、ロシアとも和親条約を締結する。おもに国境問題について話し合ったが、交渉にあたった川路聖謨は粘り強くがんばり、かつ友好的にプチャーチンと交渉を続けた。

その結果、蝦夷と千島列島の択捉島以

南は日本領、以北はロシア領、双方の住民が暮らす樺太（サハリン）は現状のままとした。
このころ幕府は、太平洋の小笠原諸島領有をめぐってアメリカとも国境交渉を行なった。同諸島は父島や硫黄島などで構成されている。江戸時代初期、小笠原家に発見されたことがその名の由来とされているものの、ペリー来航当時は日本人が住んでおらず、アメリカ人など外国人が居住していた。

**外国奉行の水野忠徳《ただのり》は、新知識の国際法をフル活用した交渉力をもって領土を守った。**

古い記録をもとに、小笠原諸島が日本の領土であることを主張した。のみならず1861（文久元）年にはみずから咸臨丸で現地へ入り、日本領であることを宣言した。
結局、小笠原諸島は日本領として認められ、それまで住んでいた外国人たちは日本に帰化することで居住を許されるとした。もし水野が主張していなければ、小笠原諸島はアメリカ領になった可能性が大きい。

## ◆策略から誕生した国際都市横浜

日本はアメリカ、ロシアに続いてイギリス、オランダとも和親条約を結んだが、さらに1858（安政5）年には、下田に総領事として赴任してきたハリスとの交渉で日米修好通商条約を締結し、自由貿易を承認させられる。

幕府は通商に応じないつもりであったが、アヘン戦争の教訓から、ほかの国が貿易を認めさせようと武力に訴えることを防ぐ目的や、前もって条約で禁止することでアヘンの日本流入を禁止するため、やむなく通商条約を締結した。

この条約には、日本が関税自主権を持たないことや治外法権の承認などがあり、不平等であると批判され、明治時代に条約改正で苦労を強いられることになった。しかし当時、日本人と外国人の往来が海を渡って、それほど交流が盛んになるとは予想されていなかったので、その批判は必ずしも当たらない。

日米修好通商条約には兵庫、長崎、神奈川、新潟の開港が盛り込まれていた。うち神奈川は東海道の宿場町として栄えていたが、同地を開港すれば大量の外国人が押し寄せて大混乱に陥る恐れが高い。

そこで幕府は主として岩瀬忠震の意見により、「神奈川は宿場町ではなくあたり一帯の地域のことである。日米修好通商条約では、そのなかの横浜を開港する」とした。当時の横浜は小さい漁村にすぎなかったが、港湾の整備と拡張を急速に進めた。急ぎ外国人居留地や運上所《うんじょうしょ》と呼ばれる税関や遊郭を建設して、日米修好通商条約締結から1年後の1859(安政6)年には開港にこぎつけた。

また多くの商人たちにも出店を呼びかけ、貿易港としての体裁を整えた。先の和親条約

## 幕末の生麦村

現在は交通量の多い市街地だが、当時はまだ小さな村だった

により、外国人の行動範囲は7里以内に定められていたため、外国の商人は横浜で取り引きせざるをえなかった。

欧米各国は最初のうちは反対したが、横浜の開港を認め、商館や銀行を同地に建てていく。これが国際都市横浜の誕生である。幕府の思い切った手段が功を奏したのだ。

### ◆日本を守った柔軟外交

開国から数年後、アメリカは国内を二分した南北戦争で、ロシアもクリミア戦争の敗戦で余裕がなく、代わってフランスやイギリスが日本との関わりを深めていく。その一方で、外国人襲撃が激しくなっていた。1861(万延元)年にはハリスの通訳ヒュースケンが暗殺、江戸の東禅寺に宿泊するイギリス公使オールコックが襲撃された。翌1862(文久2)年には、横浜近くの生麦村において薩摩藩の行列を遮ったイギリス人男女4人が藩士に斬りつけられ、そのうちひとりが死亡する。

これらの事件は、日本に対する印象を著しく悪化させ、生麦村の事件により、鹿児島湾においてはイギリス艦隊と薩摩藩の戦闘も勃発した。

尊王攘夷運動はピークに達し、朝廷も攘夷をあと押しする。対する外国も報復を叫ぶ。生麦事件でも、横浜に駐留するイギリス軍が薩摩藩の行列を討伐する寸前であった。

幕府が一連の事件において選んだのは、賠償金の支払いやむなしの方針であった。ヒュースケン殺害では賠償金1万ドルを、生麦事件でも12万5000ポンドを支払っている。

**幕府は、外国人襲撃で大金を払い続けることは不本意であったが、当事者に代わって主権者責任を取る幕府の態度に、フランスやイギリスは信頼や好意を寄せるようになる。**実際、数年後の戊辰戦争において、フランスは幕府に援助を惜しまなかった。イギリスも新政府寄りではあるが、江戸城総攻撃中止を訴えている。

誠意ある幕府の外交姿勢を重ねることで、外国のみならず国内における戦争の被害を抑えたといえるだろう。

# じつに200年も続いたオランダとの親密な外交

欧米諸国のなかで、日本との付き合いがいちばん長い国はオランダだ。江戸時代はじめ、幕府は、キリスト教の禁教令によって布教を進めるスペインやポルトガルの来日を禁じたが、宗派の異なるオランダとの交易は続けている。ただし、その付き合いの窓口は長崎の出島のみに制限された。

出島は20人ほどのオランダ人たちが暮らす東京ドーム3分の1ほどの人工島である。幕府はこの地を通じて交易を行ない、また「オランダ風説書」（41ページ）によって外国の情報を入手していた。

「オランダ風説書」の翻訳や交易の交渉は、通詞（通訳）が担当した。彼らは輸入した洋書の翻訳にあたり、翻訳された多くの書物が出回った。その結果、江戸時代後半に蘭学がさかんになる。オランダ以外の外国船が来航するようになると、通詞は英語やロシア語の習得も命じられ、対外交渉でも活躍した。

外国船の出現後、幕府はさらに緊密にオランダと付き合う。1828（文政11）年には、医師シーボルトが幕府の役人高橋景保《かげやす》から譲られた門外不出の日本地図を国外へ持ち出そうする事件が発生した。しかし**幕府は、景保をはじめとする日本人をきびしく罰したものの、当事者であるシーボルトは国外追放にとどめている。オランダとの国交を優先し、貴重な情報源を失うことをよしとしなかったのだ。**

このあと、外国との交渉が本格化すると、庶民にもオランダを通じて西洋の技術を学ぼうとする者が現われた。その代表が長崎町年寄の高島茂起《しげおき》と、その息子の秋帆《しゅうはん》である。この父子は、出島の商館長から西洋の兵学や技術について熱心に学び、オランダの大砲も購入し、砲術のスペシャリストとなる。

オランダも熱心に情報を集める日本にアドバイスを与えた。1852(嘉永5)年には、アメリカのペリーが来航することと、開国の必要性をオランダ総督が忠告している。幕閣は、総督の書簡を通じて事前に情報を入手し、準備ができた。

開国後も、幕府はオランダと友好的な関係を続けた。その結果、海軍育成において軍艦の提供や教官の派遣、幕府からの留学生受け入れなど多くの恩恵を得ている。榎本武揚や西周などの人材もオランダで養成された。

**シーボルト**

日本人の妻をめとった

# 朝鮮・中国と長く保たれた良好な関係。戦略の要点は「つかず離れず」

豊臣秀吉による朝鮮出兵は朝鮮に大きな被害をもたらし、恨みを買ってしまった。しかし江戸時代初期、徳川家康は180度方針を転換して国交を回復したので、1607(慶長12)年、朝鮮から通信使が江戸城を訪問するに至った。

以後、**幕府は、つかず離れずの関係で朝鮮と250年以上も平和な関係を保ち続けた。**理由は朝鮮から使節が訪れることで、諸大名や庶民に幕府の威光を誇示するためや、貿易や国外の情報を知る情報源の意味合いが含まれていた。

通信使は将軍の就任を祝う目的でたびたび日本を訪れるようになる。また朝鮮の釜山には、日本人(対馬藩の者)が貿易や外交を行なう倭館が建設される。通信使には「信を通わすことを目的とする使節」の目的から、多くの文化人が同行しており、日本の学者たちと交流した。18世紀半ばに活躍した雨森芳洲《あめのもりほうしゅう》は対馬藩の儒学者であるが、「互いにあざむかず、争わず、真実をもって交わることが大切である」と説いた「誠信の交わり」を信条とした。

一方の中国は、17世紀中盤に明王朝から清王朝へ替わり、幕府は清を「通商国」として扱った。清とは正式な国交こそ結ばなかったが、商人が長崎に来船して交易をすること、長崎への中国人居住を認めた。その結果、清からの来船は一時期年間200隻近くにのぼり、唐人屋敷と呼ばれる居住区が形成される。

幕府はオランダと同様に、唐人屋敷を通して、中国の情勢を収集したレポート「唐船風説書」を作成させた。商人からも中国や東アジアの情報がもたらされ、国外を知る手段として重宝された。中国の書物も数多く日本に輸入され、なかには西洋に関する情報や知識を漢語に訳したものもある。

江戸時代後半、幕府と朝鮮双方の財政が悪化したため、1811(文化8)年を最後に、通信使は打ち切られたが、幕末まで、再開を検討するなど細い関係を続けた。

清との関係は、銀や銅の国外流出を規制する目的で交易を規制したため、10隻前後に激減したが、長崎を通じた関係そのものは明治維新まで維持されている。

幕府は清との貿易を名目に、1862(文久2)年に使節団を上海に派遣した。交渉は成功しなかったが、西洋諸国に蹂躙《じゅうりん》されたうえに太平天国の乱で乱れた清の実情を目の当たりにした。使節団には高杉晋作、五代友厚《ごだいともあつ》の名前が混じっており、彼らが帰国後、国内での活動にまい進する一因になったようだ。日本の中国認識(仰視するか蔑視するか)の大きな分岐点になったのである。

# 世界有数の軍事力を誇っていた！「旗本8万騎」から近代軍隊への大変革

日本は応仁の乱から関ケ原の戦いまで続いた戦国時代の影響で、17世紀はじめ、世界でも有数の軍事力を保有していた。その筆頭である**徳川家は質量ともに日本最強の軍団で旗本8万騎と銘打たれた。**

しかし鎖国や長く続いた泰平により、その戦力は著しく弱体化し、兵器などの技術でも欧米に引き離されてしまう。

幕府は、黒船の来航などで西洋の軍事力との格差を思い知らされた。それまでも高島秋帆や江川英龍などが独自に西洋の軍隊を研究する動きがあったが、西洋と同じ本格的な正規軍を創設する必要に迫られた。

戦国時代は家臣たちが足軽とともに動員され、大将の指示に従って戦う仕組みになっていた。これは身分や装備、訓練におのおのちがいがあり、作戦に支障が出やすい。近代の戦争では、装備も訓練も統一された常備軍が必要である。

その後、幕府首脳は堀田正睦・井伊直弼・安藤信正などと入れ替わるが、いずれも攘夷実行を名目として、1862(文久2)年、オランダの軍制を参考にして陸海軍を組織した。翌年には蜂須賀斉裕《はちすかなりひろ》が陸海軍総裁に、大関増裕《おおぜきますひろ》が陸軍奉行に就任して、本格的な組織編制を進めた。

陸軍は1万3千の兵士を雇用して、平時にも軍務につく常備軍の編成が進められた。その内訳は①敵地の占領や防御戦を戦う主力の歩兵②騎馬による迅速な機動力を持つ騎兵③大砲による射撃で敵に損害を与える砲兵の3種類で構成された。

兵士を指揮する士官には旗本の子弟をあて、一般の兵士は天領や旗本領などの農民を徴用した。知行地の石高に応じた兵士もしくは金を供出させ、500石で1人、1000石で3人と割り当てた。

海軍は国内外から軍艦を集め江戸と大坂に配置した。将来は日本の海域を6つに区分けして、それぞれに艦隊を配備する計画が立てられた。

幕府は、開国から8年で近代軍隊の編成に踏み切った。このような軍制改革には少なからぬ反対を抑えて実施する行動力に加え、膨大な予算を必要とする。400万石の天領をはじめ経済の要所を抑え、財源を確保している幕府だからこそ、大規模な軍制改革が可能となったのである。

## ◆最後の将軍があと押しした慶応の大改革

第二次長州征伐が終わったあと、1866(慶応2)年に15代将軍に就いた徳川慶喜は、**戦争の教訓をふまえてあらたな軍制改革を実施した。外国との対抗より長州藩など国内の反幕府勢力に対抗するため、幕府軍の強化は進められていく。**

慶喜は陸海軍総裁を老中職にあて、軍の規模や権限を拡大した。また戦力として役に立たない旗本や御家人に対して、義務づけていた軍役を廃止する代わりに金を納めさせ、幕府がその金で兵を雇用した。

当時のフランス皇帝ナポレオン3世は、公使ロッシュの働きかけもあり、あらたな貿易相手国として注目していた日本に援助を申し出た。強力な陸軍国で知られたフランスの協力は、幕府にとってまさに「渡りに船」である。そして慶喜もまた、フランスとの協力体制を推し進めた。

このときフランスから、強力な武器や技術が提供されたばかりではなく、1867(慶応3)年にシャノアン大尉率いる軍事顧問団が来日し、1年以上幕府軍の指導にあたった。それまで書物や伝聞による知識に頼っていた幕府軍は、直接フランス軍人たちから洋式の軍事指導を受ける機会を得た。

## 幕府軍がフランスから購入した兵器など

| 品目 | 数量(注文単位) |
|---|---|
| 元込銃 | 15808丁 |
| エンフィールド型小銃 | 5000丁 |
| 小銃 | 2300丁 |
| カービン銃 | 7260丁 |
| マスケット銃(騎兵隊分含む) | 840丁 |
| 短銃 | 不明 |
| マスケット大砲 | 1000丁 |
| 山砲 | 2中隊分 |
| 野砲 | 1中隊分 |
| 大砲火薬器 | 2組 |
| 歩兵隊装具 | 25000人分 |
| 騎兵の兵装具 | 500人分 |
| 大砲隊の兵装具 | 1250人分 |

| 品目 | 数量(注文単位) |
|---|---|
| 馬上大砲隊の兵装具 | 250人分 |
| 騎兵の剣 | 654本 |
| 砲銃修復の器具 | 2組 |
| 兵装具 | 273櫃 |
| 黒羅紗 | 208反 |
| 紺羅紗 | 120反 |
| 兵卒用の羅紗 | 1234枚 |
| 木綿の襦袢 | 3000枚 |
| 下股引 | 1500枚 |
| 股引羅紗 | 9箇 |
| 羅紗 | 4櫃 |
| 衣服 | 9櫃 |

シャノアンは、幕府軍の問題点とその改善案について提案するなど協力を惜しまなかった。軍事顧問団のなかには、戊辰戦争で最後まで幕府軍について戦ったブリュネ大尉などがいる。

軍制改革は幕府の存亡を賭けた鳥羽伏見の戦いでは十分に生かされず明治維新の到来により完遂できなかった。

だが、日本全国を視野に入れた洋式軍隊への転換を実施した。当時のアジアでは前例がない。

続く明治時代初期には、フランス軍から指導を受けた旧幕府軍の人材が再雇用された。幕府の軍制改革が引き継がれているのだ。これが富国強兵を容易にしたともいえるだろう。

# フランスを参考に組織ごと生まれ変わり有終の美を飾った幕府歩兵隊

幕府は尊王攘夷を決行する名目で1863（文久2）年から軍制改革を開始し、陸軍を設立した。江戸の西丸下・大手前・三番町・小川町にそれぞれ屯所《とんしょ》を設け、人員を集め幕府歩兵隊を編成した。旗本や御家人の子弟を士官にあて、兵士はおのおのの知行地の農民を徴用する命令を発したものの嫌がる者が多く、当初は8個大隊6400人を予定したが実際には3800人しか集まらなかった。

歩兵隊はオランダから購入したゲベール銃を装備して、同じくオランダの軍学書・歩軍操法による訓練が施された。翌1864（元治元）年の天狗党事件や2年後の第二次長州征伐に実戦参加した。後者の**芸州口大野の戦いでは、戦国時代の装備で出陣したほかの部隊は、洋式装備の長州軍に次々に蹴散らされたが、歩兵隊は互角に戦ってみせた。**

幕府は第二次長州征伐のすぐあと、あらたな軍制改革に着手した。歩兵隊は7個連隊5900人に拡張され、ゲベール銃からあらたに輸入されたミニエー銃に交換した。

戦力として用をなさなくなった旗本、御家人に代わって、幕府陸軍が台頭した。歩兵隊はズボンやランドセル、階級や所属屯所の表示など、洋式装備に見合った軍装を整えた。

ちなみに、歩兵隊が使用した歩兵教本や外国人の教官から教えられたラッパは、日本軍、自衛隊へと継承される軍隊ラッパのルーツとなった。

## ◆フランス軍人の指導を受けた伝習隊

第二次長州征伐の翌年、幕府はフランスから武器などの援助を受ける話が進んでいたが、このとき小栗忠順や栗本鋤雲《じょうん》らはフランスから軍人を招き、歩兵隊の教育にあたらせることにした。

フランスの軍人が来日し、以後1年、幕府軍を指導する。このとき教官から直接教えを受ける専門の歩兵隊が伝習隊として新設された。このとき医師から転進した大鳥圭介が指揮官に任命されている。だが、旗本や御家人からは志願者が依然として少なかった。

そこで幕府は、体長5尺2寸（175センチ）あれば出自を問わないとして、農民以外にも博徒や無宿人などか

洋式装備の幕府軍

当初は西洋（オランダ）式を取り入れた

## フランス式となった幕府軍

フランス人顧問団により軍制が整備された

らも兵士を募った。

にわか仕立ての兵士たちは、フランス語の号令に応え、重い銃などの荷物を担いで走らされた。指導のフランス人教官たちからはスパルタ式の訓練が課せられた。軍帽をかぶるのに邪魔だからと、ちょん髷を切り落とされた証言も残されている。

ただし、兵士たちの素行ははなはだ悪く、江戸やそのほかの場所で乱暴を働き、いさかいが絶えなかったとも伝えられている。

しかし、日が経つにつれ伝習隊は精兵へと鍛えられた。**泰平の世に慣れきった武士たちよりもはるかにきびしい境遇で心身が鍛えられ、兵士の資質が形成されていたのだ。**

また、衣食住を保障され、給金も支払われる。活躍次第では士分へ引き立てられる可能性もあった。歩兵隊の雇用は人手不足によりやむをえないものであったが、博徒や無宿人など世間からつまはじきにされた者たちに、活躍の機会を与えたともいえる。

やがて大政奉還のあと、1868(慶応4)年に鳥羽伏見の戦いが勃発した。歩兵隊は10個大隊が投入された。新政府軍の砲撃に多くの犠牲者を出しながら戦い続けたが、味方の敗退により総崩れとなった。

3カ月後、新政府軍は関東に迫り、江戸城を明け渡すことになる。しかし、歩兵隊の一部は降伏を受け容れなかった。大鳥圭介は伝習隊2個大隊と脱走。これにほかの幕府軍や、土方歳三や古屋佐久左衛門《ふるやさくざえもん》などが合流し、2000名ほどの兵力に膨れあがった。新型のシャスポー銃やエンフィールド銃で武装し洋式訓練で鍛えられた歩兵隊は、土方らすぐれた指揮官に指揮され、強力な戦闘力を発揮した。

以後、1869(明治2)年まで1年にわたって、歩兵隊は北関東、東北、箱館と戦い続ける。土方や古屋など多くの者が戦死したが、新政府軍を何度も破った。最後の箱館の戦いでは、激しい銃撃で新政府軍を何度も撃退して善戦したと伝えられる。

幕府軍歩兵隊の活躍期間は6年しかなかったが、戊辰戦争におけるいくつもの戦いで、その名前を残した。

# ペリー来航の衝撃からわずか15年で世界に追いついた幕府海軍

日本海軍は「艦これ」などのゲームやアニメで近年注目されているが、前身にあたる幕府海軍が短い年月で近代海軍に駆け上がった軌跡も注目に値する。

江戸時代の日本は、大船建造禁止令や鎖国政策により、造船技術が立ち遅れたまま200年以上続いてきた。1853（嘉永6）年の黒船来航時、ペリーの乗るサスケハナ号は全長76メートル、排水量2450トン、蒸気機関最大出力795馬力、大砲9門と圧倒的で、日本の小さい木造帆船は足元にもおよばず「鯨と鰯」にたとえられた。

幕府は海軍の必要性を痛感した。大船建造禁止令を解除して、浦賀に洋式船建造の造船所をつくる。

また**以前から洋式化や軍備強化に努めていた雄藩に、船を建造して幕府へ献上することを命じた。薩摩藩からは昇平丸《しょうへいまる》を、水戸藩からも旭日丸《あさひまる》を供出させている。**なお幕府の命により、水戸藩が江戸湾に建設したのが石川島造船所である。

幕府自体も浦賀造船所において洋式船の建造に取り組み、1854（嘉永7）年には大型

## 長崎の海軍伝習所

その名のとおり、海軍養成のために創設された

船鳳凰丸《ほうおうまる》を完成させた。つまり、黒船来航から1年で洋式船技術を習得したことになる。

この少しあと、安政の大地震で難破したロシア船ディアナ号の乗員が、自分たちが帰国するため、日本人を指導して大型ヨットのヘダ号を建造した。建造に従事した船大工たちは西洋の造船技術を取得することで、以後、幕府の軍艦建造に重宝される。

しかし当時の船は、風の力を使って進む帆船から、より早く風向きに関係なく自由に進むスクリュー式蒸気船へ移行していた。幕府は、外国から蒸気船を購入し、操船や蒸気機関や大砲について一から習得する必要に迫られていた。

## ◆長崎につくられた最初の海軍伝習所

幕府は1855（安政2）年、長崎に海軍伝習所を創設し、軍艦を動かすために必要な人材の育成に乗り出す。

勝海舟や榎本武揚など幕臣40名が伝習生としてオランダ人から学ぶことになり、また薩摩藩や佐賀藩など諸藩からも100人あまりが参加を許された。

オランダは、蒸気式の軍艦スンビン号を寄贈したり、20人のオランダ人教官を長崎に派遣したりと協力を惜しまなかった。伝習生に航海、測量、機関、砲術などの授業が実施される。

伝習生たちは、言葉や立場のちがいなど困難な壁を乗り越え、訓練と知識の習得に努めた。その結果、1857（安政4）年には、スンビン号で長崎から江戸へ航海するまでに成長した。創設から2年で人材を育成したのである。

最初の伝習生が卒業するのと入れ替わりで、木造蒸気船ヤパン号が咸臨丸と改名され、オランダから回航され、幕府海軍に加えられた。同船は650トン足らずで出力100馬力、大砲12門を積む。このあと幕府は費用がかかりすぎることや、江戸に新しい海軍伝習所を作るため、創設からわずか3年で長崎伝習所を閉鎖した。

伝習所の閉鎖から2年後、**勝をはじめ伝習生たちは1860（万延元）年の遣米使節においてアメリカ人の助けを借りながら咸臨丸を操船して太平洋横断に挑む。長崎伝習所で得た航海術や測量などの知識を活かして、航海を成功させた。**

## ◆軍艦建造と人材育成の両立

幕府海軍は咸臨丸に続いて複数の軍艦を購入した。オランダからは咸臨丸に続いて1858（安政5）年にエド号を、同年にはイギリスからビクトリア女王の御召船エンペラー号を寄贈されている。アメリカからも軍艦2隻を購入することになっていたが、こちらは南北戦争の勃発により延期を余儀なくされた。

その一方で、国内の軍艦建造も推し進めた。すでに薩摩藩や宇和島藩では小型蒸気船を完成させており、日本でも蒸気機関を実用化する土台は整っていた。1862（文久2）年には木造軍艦千代田の建造を、石川島造船所

**咸臨丸**

1871（明治4）年に北海道沖で沈没した

で開始する。

当初、幕府は350隻の軍艦を配備しようとしていたが、このとき軍艦奉行並に昇進していた勝は「それだけ軍艦をつくるには500年はかかる。それよりもまず、軍艦を巧みに操れる人材がいなければどうにもならない」と説く。

勝は諸大名と幕府が力を合わせて強力な海軍を持ち、その力を背景に西洋と対等に付き合い、貿易をさかんにして日本を豊かにしようと考えていた。

幕府は同年に新しい軍艦購入と知識習得のため、榎本武揚、内田正雄などをオランダに派遣していたが、先の勝による進言を容れ、翌1863(文久3)年、海岸の防備を進めていた神戸にあらたな海軍操練所と、勝個人が運営する私塾の開設を認めている。

私塾は、幕臣以外の他藩の者たちにも広く門戸が開かれた。坂本龍馬が勝に入塾を許されたのはこのころである。**討幕運動の温床になったとの理由で、海軍操練所も私塾も閉鎖されてしまうが、長崎伝習所と同じく人材育成に貢献した。**

## ◆未来を見越した横須賀造船所建設

1866(慶応2)年に千代田は完成した。全長31メートル、排水量140トン、出力60馬力、武装は大砲3門のみ。当時の世界レベルには届かないが、洋式軍艦を自前で建造したのである。外国からも強力な軍艦を続々と購入した。うちオランダ製の開陽丸は、排水量2590トン、大砲30門の大型艦で、榎本たちの手で日本へ回航される。

続いて幕府は、南北戦争が終わったアメリカと新鋭艦の購入の約束を取り交わした。そのストーンウォール・ジャクソン号は、排水量1350トン、出力1200馬力、木造の艦体各所に鋼鉄板を取りつけた甲鉄艦である。艦首には敵を体当たりで沈める衝角《しょうかく》をもち、300ポンドアームストロング砲などの重武装をもつ。

それに先立つ1865(慶応元)年には、横須賀において工場と造船所を合わせた製鉄所建設を開始した。これは勘定奉行の小栗忠順が「軍艦を自前で建造修理することこそ必要である」と推したためで、フランスから全面協力を得ている。同地が選ばれたのは、フランスの軍港ツーロンに似た地形を有していたからである。

ストーンウォール・ジャクソン号の購入も横須賀製鉄所の完成も、明治維新までに間に合わなかった。しかしこれを含む幕府海軍の軍艦や人材などは、日本海軍に引き継がれて活用されている。ずっとあとになって、日露戦争を勝利に導いた東郷平八郎は「横須賀製鉄所があったから戦争に勝てた」と小栗の功績を賞賛している。

幕府海軍は黒船来航から戊辰戦争までに、小型帆船程度の水軍から蒸気船の近代海軍へ急成長した。西洋が200年以上要した過程を、わずか15年で成しとげたのだ。

# 市井の研究者を大抜擢して一気に強化された砲術と海防教育

江戸郊外の徳丸ヶ原で、黒塗りの三角帽子に筒袖、筒袴の一団が銃や大砲を操作した。轟音とともに砲口から炎と煙を発し、見守る人々を驚かせた。砲術家高島秋帆による洋式兵器の演習で、1841（天保15）年の出来事である。このとき演習とはいえ、大型の砲弾を撃ち出す臼砲や大量の散弾を撒き散らす榴弾砲の威力も披露されている。

長崎で生まれた秋帆は、フェートン号事件などで日本の兵器が著しく立ち遅れていることを思い知らされた。洋書を読み漁っただけにとどまらず、オランダ商館長から銃砲術を習得し、自費を投じて高島流砲術を完成させた。

秋帆は、1840（天保11）年にアヘン戦争で清が敗れたことを知ると、危機感を覚え、幕府に大砲の強化を訴える意見書を提出した。幕府はその意見書に注目し、秋帆を与力格・長崎会所調役頭取で召し抱え、徳丸ヶ原で演習を実施することを許したのである。

それまでの日本の大砲は丸い実体弾で建物を損壊させるが、秋帆が演習で披露した大砲は、射程距離が長く、砲弾が炸裂するなど高い威力を発揮した。

**幕府は、洋式砲術を習得し自前で大砲をつくった秋帆を評価した。彼が自作した大砲を買い上げ、幕臣の江川英龍に高島流砲術を教えることを命じている。**秋帆から教えを受けた英龍は、自身もすぐれた技術者として海防に従事していく。

このあと鳥居耀蔵《とりいようぞう》など洋学を快く思わぬ幕臣たちが、秋帆に罪をかぶせ投獄したため、洋式化が中断される事態に陥った。しかし、英龍以外にも川路聖謨など秋帆を師とあおぐ幕臣は少なくなかった。彼らが時間をかけて幕府に働きかけ、1854（嘉永6）年のペリー来航のあと、秋帆は赦免された。

当事、英龍は海防係の地位にあったが、自分が治める韮山《にらやま》で秋帆が塾を開くことを認めている。また幕府は洋学の必要性を認め、教育機関の蕃書調所を1856（安政2）年に九段下に設立した。同所は語学や化学の学問所で大政奉還まで機能した。

アヘン戦争から20年後の文久年間に、幕府は軍制改革に踏み切ったが、秋帆や英龍の弟子の世代が従事した。洋学の可能性を認め、次の時代に発展する下地を敷いていたことになる。

**砲術稽古業見分之図**

徳丸ヶ原（現在の板橋区）で洋式砲術の訓練が行なわれた

## 伊豆の代官によって築かれた大砲製造工場「韮山反射炉」の高度な技術

2015年、静岡県伊豆の国市の反射炉が世界文化遺産に登録され話題となった。伊豆半島の韮山へ足を運ぶと、白い箱を何段も積み重ねたような特異な建築物を目にする。江戸時代末期に江川英龍が建てた反射炉である。これはレンガの壁に熱を反射させることで高熱を生み出し、砂鉄や鉄鉱石からつくった銑鉄を高熱で溶かしてしまう。不純物を取り除き質の高い鉄を生み出す、西洋から伝わった精錬技術である。

英龍は蘭学に通じ、高島秋帆の愛弟子でもあった。反射炉建設にあたっては、オランダのライク王立大砲鋳造所における鋳造法を参考にした。

英龍は韮山を含む相模から駿河の土地の代官で、民のことを考えた内政を実施した。幕府は早くから英龍の才覚を評価し、1843(天保14)年に若年寄格に昇進させ、続いて勘定吟味役格、海防掛に任命して江戸湾の守りを命じた。1853(嘉永6)年から品川の台場(砲台)建設にあたり、同時期に自分が治める韮山で反射炉の建設に取り組む。目的は台場に取りつける強力な大砲を生産するためである。

反射炉建設は途中、安政大地震で被害を受け、続いて英龍が亡くなる不幸にも見舞われたが、息子の英敏が引き継ぎ、１８５７（安政４）年に完成をみた。以後7年にわたって幕府の兵器工場として機能している。

韮山の反射炉は、九州の薩摩藩や佐賀藩が先に反射炉を実用化させており、また世界レベルから見てそれほど技術力の高いものではなかったが、**英龍が独力で西洋技術を習得したことは事実だ。**

幕府は黒船来航の直後から、多くの人材を見出した。英龍もそのひとりだが、彼はほかにも新しい兵器＝兵食としてパン作りを研究するなど多くの業績をもつ。まさに的を射た起用であった。

**韮山の反射炉**

稼働した反射炉で唯一現存する

英龍の死後、幕府は江戸の滝野川に新しい反射炉を建設し、１８６６（慶応２）年に完成させている。また芝銭新座に大がかりな大小砲演習所を設け、英敏や英龍の門弟に指導にあたらせた。同所には多くの幕臣、諸藩の留学生が集められ新政府でも活躍した。幕府が英龍を起用したことで明治に数多くの人材が育ったことになる。

# ペリーを驚かせた短期間での技術革新。おしくも完成しなかった台場の砲台

東京湾のお台場臨海公園では、現在開発が続いており、都内でも人気が高い地域である。幕末につくられた砲台の跡地で、当時は砲台を台場と呼んだことが名前の由来である。

幕府は、フェートン号事件以後、各地に外国船に備えた台場を設けており、江戸湾入り口の浦賀や大坂湾にも大がかりな台場を築いている。

ペリーの黒船が来航した際に、江戸湾の奥深くへと進入して、測量を行なったり、空砲を発射したりしたが、幕府側は止められなかった。そのため阿部正弘らは、品川から少し離れた海面に人工島をつくり、そこに砲台を設けて対抗しようとした。

工事は、ペリーがいったん引き揚げた直後からはじめられた。伊豆韮山の代官江川英龍が指揮をとる。大量の土砂を海中に投棄して、続いてまわりを石垣で敷きつめ、菱形の人工島を形づくった。その上に20～30門の大砲や弾薬庫、陣屋などを設けていく。英龍は、外国船の侵入方向や湾内の潮の満ち引きも想定して台場の設計を行なった。外国船が品川沖に侵入した場合、数珠つなぎに配置した台場が四方から砲撃を浴びせようというのだ。

ペリーが再来航する1年後までに台場を完成させる計画で、関東各地から5千人の人員、2千艘の船が動員された。「死んでしまおか　お台場へ行こか　死ぬには（より）ましだよ土かつぎ」とはやり唄がつくられるほどの盛況を集めている。

ところが、ペリーが予想より早く半年後に再来航したため、第1台場から第6台場まで完成（第4台場未完）したところで作業は打ち切られた。安政江戸地震でいくつもの台場が崩れて出費がかさんだのも原因だ。

ペリー艦隊は再来航した際に、工事中の台場を発見した記録がある。**ペリーは半年で海上に砲台を建設するまでに至った日本人の行動力や土木技術の高さを知らされ、侮れないと心理的な効果を与えたようだ。**

台場は未完のままだったが、会津藩や川越藩の藩士が入り、明治維新前まで警備に従事する。そのあと台場は廃止されたが、堅固な跡地は災害に耐え続けた。

1926（大正15）年に残存する第3・第6台場が史跡に指定され、うち第3台場は、都立公園として現在も活用されている。

**お台場の砲台跡**

現在もその痕跡を見ることができる

## 列強間をうまく立ち回り強力な洋式兵器をすばやく確保

戊辰戦争において、幕府軍と新政府軍はたがいに大量の銃砲を投入して戦った。これは、当時の世界情勢によるところが大きい。1850年代後半から60年代はじめにかけて、世界各地で南北戦争、クリミア戦争、普墺《ふおう》戦争など大戦争が相次いだ。アジアにおいてもインドのセポイの乱、中国の太平天国の乱が勃発した。

これらの戦争によって欧米各国では大量の銃砲が製造され、日進月歩で改良が続けられた。銃弾の射程距離や精度が大きく向上し、火薬と銃弾をセットにして装填する構造で使いやすくなっていた。世界各地の戦争が終わったあと、余った銃砲は、あらたな戦争が起きる可能性の高い日本へ流れ込んでくる。

開国当時、幕府のほとんどの銃が火縄銃で占められていたが、西洋の新しい銃や砲にも注目していた。1855(安政2)年にオランダから購入したゲベール銃の国産化を試みたが、期待した性能を発揮できなかった。銃弾の大量生産も日本の技術ではまだ困難である。そのため当面は輸入に頼らざるをえなかった。

天保年間には高島秋帆が洋式の大砲を国産化したが、材料には高価な青銅を必要とした。外国船来航などの情勢により、諸藩でも銃砲の生産に乗り出したが、このうち九州の佐賀藩は鋳造による大砲の国産化に成功し、200門の大砲を生産していた。**幕府は江戸湾の台場建設などの目的で、いち早く洋式兵器を実用化した佐賀藩など複数の藩から大砲などの兵器を入手した。**

文久年間に幕府軍の創設などの軍制改革が実施され、西洋の銃が必要となる。そのためゲベール銃に続いてオランダ製のヤーゲル銃、フランス製のミニエー銃など、外国の戦争で大量に余っていた銃が輸入された。

このころ幕府は長崎港から武器弾薬を仕入れており、反発する長州藩をはじめ西国の諸藩も長崎港から銃砲を購入していた。1863(文久3)年に横浜が開港すると、江戸に近い利点から横浜での銃の購入量が上回った。1867(慶応3)年の記録によれば、長崎で購入した小銃が3万6500挺に対し、横浜は10万6300挺とある。

ちなみに、同時期に日本に派遣されたフランス軍人シャノアンの書状には、幕府が外国から購入した銃数は4万2775挺と書かれている。

横浜で取引した利点は、横浜の外国人居留地にイギリスの軍隊が警備の目的で駐留していたことも見逃せない。短期間だが、イギリス人に銃を主とする西洋軍隊の手ほどきを受けた。**幕府は渋々横浜を開港させせられたが、軍制改革で逆に利用したといえる。**

## ◆新式銃を入手したフランスとの提携

第二次長州征伐のあと、幕府は１８６６(慶応２)年から新しい軍制改革に乗り出し、フランスに急接近した。

フランスの軍事使節団が幕府軍を指導したが、これに対し幕府からフランスへ注文した小銃は３万１２０８挺、大砲１０００門にのぼった。このなかに含まれているか不明だが、１８６７(慶応３)年にはナポレオン３世から徳川慶喜へ、実用化されて間もない新型シャスポー銃１８６６挺が提供された。当時の陸軍２個連隊ぶんの装備である。同じく新型の大砲24門も幕府へ提供されている。

また幕臣の小野友五郎らは、軍艦の購入手続きでアメリカを訪れているが、追加でスペンサー銃１０００挺、カービン銃３００挺を入手した。各藩でも商人たちから武器弾薬を買い求めたが、銃の知識不足から、旧式の兵器を高値で売りつけられることもあった。

しかし幕府は、日本の政府機関として大政奉還直後まで認知されていた。そのため政府間の交渉によって、新型の兵器を安価で購入することができた。銃砲は、幕府軍への装備に間に合わなかったものも少なくないが、戊辰戦争で威力を発揮している。

# PART 4

# そんな幕府が、なぜ滅亡したのか？

文／野口武彦

# 歴史に存在する不思議の負け

阪神タイガースはじめ、いくつもの野球チームを育て上げた野村克也元監督の名言に「勝ちに不思議の勝ちあり。負けに不思議の負けなし」というのがある。試合に勝つときには何か予想外の勝因が生じているし、負けるときははじめから必ず敗因はわかっているものだ、というのである。敗北は必然的だが、勝利には偶然が介入すると言い換えてもよい。

江戸時代の末期、いわゆる幕末の為政者たちの大部分は徳川幕府が倒壊するなどとは夢にも思っていなかった。

ところが、わが国の歴史で実際に起きたのは、土台は盤石のように不滅で、未来永劫続くと信じられていた徳川政権がじつにあっけなく終焉を迎えてしまったことであった。滅多に起きるはずのない「不思議の負け」という現象が現実になったのだ。

なぜ、こんなことになったのか?

実際の歴史では、野球のゲームとちがって、もう9回裏だなどと自覚されることはあまりない。品川まで官軍が迫って来ているのに江戸っ子は幕府の瓦解を信じなかった。今が

## 勝と西郷の会見場所

東京・高輪に記念碑が立つ。ふたりの会談後、江戸総攻撃は中止となった

「幕末」だとはだれも思っていなかった。

歴史用語としての「幕末」は結果論的に完結している。しかし同時代として人々が生きた幕末は意識の上で未完結なままだ。

たしかにみんな、最近ふだんとはどこかちがうとぐらいは薄々感づいていただろう。現今は常時ではない。つまり「非常時」である。だがそれは断じて自分たちが生きている時代の終焉ではありえない、と人々は信じる。

しかし幕末は、本当に終末になってしまった。

以下このパートでは、江戸時代最後の数十年間に次々と起こった事件の経過をたどることを通じて、「幕末」と呼ばれていたこの一時期、幕府が「幕末幕府」とでも称すべきあらたな政体に生まれ替わろうとして苦闘した努力の輪郭をなぞってみたい。

「幕末幕府」を見直す

# 幕末の始点――天保改革

幕末とは何か？　江戸時代はいつから幕末になるのか？

それには諸説がある。教科書的には、ふつう１８５３（嘉永６）年の黒船来航をもってメルクマールとするようだが、この際それをもっと切り上げて、「天保改革」の失敗をその出発点としたい。もっと正確にいえば、１８４３（天保14）年閏９月、時の老中首座水野《みずの》越前《えちぜん》守《のかみ》忠邦《ただくに》が罷免されて失脚したときから、江戸幕府は回復不能の破局への軌道を進んで行くのだ。

後世の歴史では、水野忠邦はすこぶる評判が悪い。江戸の民衆がこの政治家に奉った、酷薄な権勢家という悪評がそのまま生き残っているかのような印象だ。しかし忠邦の実像はだいぶこれとはちがっていたと思われる。江戸時代の社会を蝕んでいる慢性的な危機の本質がよくわかっている政治家だった。みずからその解決に乗り出すために権力の獲得をめざした人間である。

権力とは、合法的に他人に何でも強制できる機能のことだ。政治家は自分の政綱を貫くには、人々を自由に動かせるポストを得なくてはならない。政治家が多少とも独裁者にならざるをえないのは不可避的ですらある。

幕末以前は、幕府権力の統率のもとで「日本対外国」という大まかな対立構図がつくられ、「挙国一致体制」をもって危機が打開されるはずであった。だが、この時期実際には、国内に大きな分裂と対立が生じ、勢力関係の再配置がなされた。

ごく大雑把なところでも、①経済的・政治的・軍事的に力を蓄えた諸大名は連合すれば幕府に対抗できるまでになった、②国家統合の主宰者として徳川将軍のみならず京都朝廷が名乗りを上げた、③町人の経済的実力が金融を中心に武家の封建社会を圧倒した、などの諸事象が目につくが、それらはたがいに結びついて、「勢力関係の再配置」と表現した情勢変化の総合的な要因になった。

平時のほぼ230年間、国内政治勢力間の基本的な対立軸は幕府初期の《徳川家 vs. 治下の有力大名》の構図として敷かれていたが、末期には《開国派 vs. 鎖国派》の対立抗争を主軸とする配置へと力学が動いた。

「鎖国」とは、従来とかく誤解されてきたように国を鎖《とざ》すことではなく、徳川幕府による貿易の独占である。したがって、「開国」とは貿易および貿易利得独占の打破に外ならない。

こう考えると、幕末史をつらぬく諸事件の筋《プロット》が読めてくる。

よく「野球は筋書のないドラマだ」といわれるが、そう言うなら、歴史は《登場人物が筋書を知らないドラマ》以外の何ものでもない。歴史という暗流は、さながら歌舞伎劇のダンマリ（暗闇の中で，登場人物が無言で探り合う場面）のように、何か不可視の力が人間を引っ張り回している光景としか見えない。

あるいは、歴史という人間喜劇の舞台は、むしろ人形芝居に似ているかもしれない。個人個人がどんなに自分の意志で動いているつもりでも、当人には感知できない操りの糸が身体に仕込まれていて、外からのもっと大きな力に動かされているのである。

人間の歴史を原理的に動かすこの不可思議な外力の正体を問うことはさておき、歴史の舞台への登場人物たちは、個人的・主観的・当事者的には剥き出しの人間的欲望に基づいて行動する。政治家は権力者であらざるをえないし、権力意志は権力欲と見分けがつかない。権力欲は、多くの場合、物欲・金銭欲・色欲・名誉欲などとセットになっているので識別がむずかしいが、たまには金銭ともセックスとも無縁に純粋な政治支配力だけを求める政治家がいてもおかしくない。

権力者は権力を自分に集中させなくてはならない。指揮＝命令系統は必ず一本化する必要がある。しかし、どんな権力者でも、自分ひとりで天下の万事に当たることはできないから、どうしても人を使わざるを得ない。つまり、権力がひとりに集中すればするほど権力者は孤立し、政治的決断を下すための外部情報を重臣とか腹心の部下とか呼ばれる間接的権力者に委ねる外はなくなるのだ。これは権力というものに宿命的について回る永遠法則である。権力者の逆説といってよい。

忠邦の時代、権力の中枢は将軍の御座所から老中たちが合議する御用部屋に、さらには腹心の部下を集める私邸に移ってゆく。実際に権力を行使するのは、権力者周辺の人間集団、間接的権力者のグループである。

間接権力者にもいろいろな人間がいる。君主に明君と暗君があるように、臣下もすべて忠臣・良臣とは限らない。姦臣・佞臣のたぐいもいるだろう。間接権力は、時には権力をもたせないほうがよい人間に与えられてしまうこともある。

歴史の局面は、しばしばこういう手合いに左右される。権力者の「次の間」には、昇進やら猟官やら利権やらさまざまな思惑を抱え込んだ連中が寄り集まってひしめき合う。

天保改革の前後には、まさにこういう事態が発生していたのである。

## ◆水野忠邦の失脚

幕末日本の運命は、水野忠邦の荒療治にガマンできなくなった現状維持派が、この政治家を引きずり下ろしたときに定まったといえる。

忠邦の強引な政治手法はほうぼうで反撥を買っていたが、それをたんなる反感の域を越えて、反対勢力の結集にまで積極化させたのは1843(天保14)年6月に発された上知令《あげちれい》である。忠邦はこの月、江戸城・大坂最寄り一円の大名・旗本領の知行替えを申し渡した。対象にされた知行地の石高は26万8257石である。たちまちあちこちで不満がくすぶり出した。充分予想されたことだ。しかし忠邦は強行するしかなかった。

じつは前年の1842(天保13)6月、幕府は長崎に入港したオランダ商館長からアヘン戦争の情報を伝えられていた。イギリスが東洋の大国・清を破って上海から南京に迫る勢いであり、その終結後、日本に開国を迫る計画らしいというのだ。情報は正確だった。イギリスは清を降伏させ、同年8月、香港の割譲その他を定めた南京条約を締結させた。もはや対岸の火事ではない。

日本の海岸防備が急務になった。忠邦は江戸・大坂近辺の海岸要地を幕府直轄地とするために上知令を発したのである。これに正面から反対できる大名はいなかったので、極秘裡に反忠邦の陰謀が企まれた。

反対勢力は御三家の紀州藩を担ぎ上げ、譜代も外様も結集して、12代将軍家慶――家臣の意見を聞いてもただ「ソウシロ」というだけだったので「そうせい様」とあだ名がつけられていた――に直訴して、上知令を撤回させた。そして同年閏9月13日、忠邦にこんな文書が通達された。「その方には財務取扱いの不正があったので、老中職を罷免する。指示があるまで控えているように」

間もなく忠邦は隠居を命じられ、嫡子和泉守忠精《いずみのかみただきよ》は懲罰的に2万石を削られて出羽山形藩5万石に転封させられた。ところが、この罷免蟄居から275日目の1844(天保15)年6月21日、忠邦は再勤を命じられ、老中首座に復職する。不可解な人事であった。真相はいまだに謎である。

おそらく背後にまたしても外交問題があったと推定されている。この期間、諸外国の日本への開国通商要求が相次いでいた。同年3月にはフランス船が琉球(沖縄)に来航。7月には日本に開国を諫言するオランダ国王の親書が届いた。相次ぐ知らせに深い危機感を抱いた家慶は、差し迫った難局に対処できる人物は水野忠邦しかいないと判断して、白羽の矢を立てたのだそうだ(福地源一郎『水野閣老』)。

呼び寄せられた忠邦は肚《はら》を決めていた。「外国から強制されて国を開くより、こちらから積極的に開国策に打って出よう」と閣議で主張したが、家慶がためらい、老中たちも反対してついに採用されなかった。

忠邦は暗然として、「鎖国と決したからには、以後御用部屋では二度と『和』と言えないぞ。それでもよいか」と念を押し、次期首座を予定されていた阿部伊勢守正弘が涙目になって

「わかっております」と返事をしたというまことしやかな話が語られている。

鎖国を続けようとするなら、外国と戦争することを覚悟しなければならない。その覚悟はできているか、と忠邦は真剣に問うたのである。正弘も覚悟はあると答えたのだ。

これはけっして根も葉もない噂ではない。幕末史のその後を左右した記念すべき一場面である。忠邦はこれを最後に影の薄い人物になって、間もなく老中を再度罷免された。が、「これからは『和』と言えないぞ」という忠邦の決めゼリフは、まるで呪いのように後継政権の外交政策の上にのしかかるだろう。

## ◆阿部正弘の功罪

失脚した水野忠邦の後をうけて老中首座になったのは阿部正弘だった。老中になったのも25歳と異例に若い。この若さで権力の中枢に抜擢されたのには、肖像画からもわかる美男子ぶりで大奥の人気が高かったことに加えて、性格が円満温和なところから前任者忠邦の苛烈な改革に懲りた家慶が穏健な政治を期待したからであった。

たしかに正弘は、ほうぼうに細かく気を配る八方美人的な面があり、開国を避けて鎖国を続けると国の大綱を定めた幕府の「事なかれ」主義にぴったりの人材であった。

その人となりをもっともよく示すのが水戸前藩主水戸斉昭との関係である。斉昭は徳川光圀以来ずっと水戸家に受け継がれた皇室尊信の立場から、早くから外国を「夷狄《いてき》」と呼んで敵視し、海岸警備を厳重にするなど、過激なタカ派的な言動が露骨だったので、家慶はじめ幕閣には敬遠され、謹慎さえ命じられていた。

正弘はなんとその斉昭を1853(嘉永6)年海防参与に起用するのである。いや、起用せざるをえなかったというべきだろう。阿部政権はタテマエとしては一貫して鎖国を主張する。開国要求には絶対応じない立場である。それが常々海岸警備の強化を唱え、外敵の水際撃退を叫ぶ斉昭を頼りにしないわけがないではないか。

ペリーの黒船は、けっしていきなり1852(嘉永5)年6月3日、寝耳に水で浦賀沖に現われたのではなかった。

じつはその前年の1851(嘉永4)年6月5日、オランダ商館の新館長クルチウスが長崎に来航し、『別段風説書』と呼ばれる重大な情報を伝えていた。アメリカが日本と通商を開く目的で使節を派遣してくるという予告である。阿部正弘は悩んだ。いろいろ思い悩んだ末、結局このニュースを握りつぶした。心の片隅では「万一、来たらどうしよう」と一抹の不安を抱えながら、「いざとなれば幕府の御威光で夷人などはどうにでもなる」という根拠のない楽観論に呑み込まれたのだ。

だが、ペリーは本当にやって来た。事前に何も知らされていなかった浦賀奉行所の役人は、艦隊の装備をひと目見るなり「コリャ負ケタ」と悟った。急使が江戸に走る。市中に非常警戒が敷かれる。しかし幕閣の反応は鈍かった。6月5日、老中・若年寄のほかに寺社・勘定・町の三奉行、それに大小目付も加わる大評定《だいひょうじょう》が開かれたが、議論ばかりして何にも決まらない「小田原評定」に終わった。

回答期限は6月7日だ。引き延ばしはきかない。阿部正弘は窮地に立った。将軍家慶は英断を下すどころか、ペリー来航の知らせを受けたときのショックで寝込んでしまい、正弘はどうしても自分で決断を下さねばならぬ立場になった。溺れる者は藁《わら》をもつかむというがこのとき、正弘が苦し紛れにつかんだ藁は人もあろうに徳川斉昭だった。

ところが恐る恐る相談を持ちかけた斉昭の返事は、拍子抜けするほどあっさりしていた。「今となっては打ち払うのがよいとばかりはいえまい」という情勢判断なのである。

正弘はほっと安堵した。幕内の反対を押し切り、期限ギリギリで「臨時の便宜策」として国書受領を幕議決定した。ペリーは「来年来る」という不気味な言葉を残して退去していった。なお同日、正弘は斉昭を海防参与に任命する。

さてそれから、幕末史はしばらく徳川斉昭のペースで進んだ。斉昭の影響は二重の意味で作用したといえる。第一は、斉昭の方針がその後の幕府外交政策の基調をなしたことであり、第二には最後の将軍徳川慶喜を歴史の舞台に押し出したことである。

## 攘夷のトラウマ
# 幕末の国家リーダー

この斉昭が幕末外交の根本に採用したのが、有名なブラカシ政策だ。実際には老練な能吏だった海防係勘定奉行の川路左衛門尉聖謨《としあきら》のアイデアだったとされるが、斉昭は名案だとこれに飛びついた。

ブラカシとは相手の要求を呑むとも呑まないともなく、アイマイな返事をして紛らせておき、その間にこちらの防備を固めるという苦肉の策である。

最初はペリー来航がもたらした国家危機を切り抜けるための発明品だったが、その後しだいに幕末幕府の基本姿勢に変わっていった感がある。やがては「攘夷実行」を迫る朝廷に対して「いつかはやります」と空手形を切り続けたのも同じ態度の現われだし、それから1世紀以上経った現在でも、玉虫色の回答を得意とする日本政府のお家芸もこれにはじまるといえるかもしれない。

こんな非常事態の折も折、6月22日に家慶は失意のうちに61歳で薨去《こうきょ》してしまう(公式発表では7月22日)。54歳の斉昭は生き生きと一日おきに登城して意見を述べた。幕末ナショナリズムのオピニオンリーダーになったわけだ。自分でも不可能と知りながら攘夷戦争のタテマエに固執し続ける。この二枚舌は、何よりもわが子慶喜の外交政策を金縛りにせずにはおかなかった。

だが、慶喜の登場まではまだしばらく時間がある。12代家慶の跡を継いで１８５３（嘉永６）年11月23日、13代将軍になったのは家定だ。この人物には重い障害があった。脳性麻痺だったともいわれる。その欠陥は、ペリーの後任として来日し、日米修好通商条約を締結する任に当たったハリス（のちの領事）が、１８４７（安政４）年10月21日、はじめて江戸城で謁見したときに、端なくも露呈してしまった。

今後、外国との交際・交渉がイヤでも必至になる情勢のもとで徳川将軍がこんな体たらくで果たしてよいのか。みんな考えてしまった。

このころから幕末政治史には権力闘争の太くて赤い糸が目立つようになる。それは外見上「開国か鎖国か」をめぐる対立として進行するが、裏では「だれが権力の座に就くか」の血みどろの政争がくり広げられるのである。国難ここにある今、家定（安政5年薨去）はそっちのけで、将軍継嗣（つまり次の徳川将軍）をだれにするかが当面の問題であった。

候補はふたりいた。水戸家の慶喜と紀伊家の徳川慶福（のちに家茂と改名して14代将軍）である。慶喜を担ぎ上げるグループを「一橋派」といい慶福を推す人々を「紀州派」という。

「一橋派」の越前福井藩主の松平慶永などは、慶喜の長所を「頭脳明晰・容姿端麗・言語明瞭」と数え上げ、次期将軍に擁立しようと早くから運動を開始していたが、その際、御三家や譜代大名グループの保守勢力の警戒心をすっかり過小評価していた。

既得権にしがみつく守旧派の結束力は強く、慶喜が幕府に持ち込みそうな政治傾向——皇室尊信と攘夷——をまるごと否認する感情の強さをいささか甘く見ていたのである。

政治の核心には権力闘争があり、権力闘争の究極は人事抗争である。そしてこの究極の領域ほど、人間行動に非合理が雑じり込むものはない。

将軍にだれを選ぶかの人事抗争は徳川国家の大綱を決する権力闘争のなかでも最高位にランクされるはずである。それなのにここでやたらに目立つのは、わが子慶喜を将軍にしたい一心に凝り固まった斉昭の盲愛ぶりばかりである。歴史の1ページを飾る親バカといえよう。

## 幕末幕府のジリ貧

# 幕府衰亡の原因

明治のジャーナリスト福地源一郎は『幕府衰亡論』で、徳川幕府がペリー来航からわずか15年で瓦解してしまった原因を3つ挙げている。①京都朝廷に奏聞したこと、②水戸斉昭を顧問にしたこと、③諸大名に和戦の評議をさせたこと――この3つの失策が幕府を滅亡させたというのである。

とりわけ大失敗だったのが①の京都奏聞だ。徳川幕府はこれまでずっと、朝廷を現実の政治から切り離してたんなる伝統的権威にとどめるのに腐心してきた。それなのに、この局面で朝廷に発言権を与えたことはこれを政治勢力として復活させたにひとしかった。

明らかに、「指揮＝命令系統は一元的たるべし」とする政治権力の鉄則に反している。事実これを機として京都朝廷は幕府の外交方針に何かと口を出すことが多くなった。評議に加わる資格を与えられた全国の大名も、政策を決定する権限が徳川将軍のみに唯一絶対ではないことを知らされた。

気弱になった正弘から広大な権限を委譲された斉昭は、その力を慶喜を将軍にする野望

——それは水戸家代々の夢でもあった——に注ぎ込んだ。

幕末政治史はよく「尊皇攘夷」vs.「佐幕開国」と図式化されるが、現実に展開された政治力学はそんな単純な二元論では片づかない。京都の公卿にも鷹司政通《たかつかさまさみち》のような開国派もいたし、孝明天皇も当初は攘夷のためにできることは神社祈願ぐらいのものだった。

しかし1857(安政4)年を境として、朝廷側にも幕府側にも、それぞれが政治的旗印を鮮明にする必要が発生する。幕府側ではこの年六月、阿部正弘が死去し、老中首座は開国派で「蘭癖《らんぺき》(オランダかぶれ)大名」といわれた堀田正睦に交替していた。

翌年2月、堀田は日米修好通商条約の調印を奏請するが、孝明天皇はこれを拒否。調印は6月に実行されたので、以後、朝廷と幕府の対立は万人の目に明らかになった。

それに相前後して多くの出来事が立て続けに起きた。まず堀田の留守中の4月、彦根藩主井伊直弼が大老に就任した。大老は臨時に老中の上に置かれる最高職。堀田のいない間に「紀州派」が裏で手を廻して、幕閣のトップに守旧派(鎖国論者)の巨頭を据えたのである。

しかし幕府内部の開国論者も度胸が据わっていて、天皇の不許可を無視して、6月19日、確信犯的に条約調印に踏み切った(いわゆる違勅調印)のは、岩瀬忠震《ただなり》(海防係)・井上清《きよ》直《なお》(下田奉行、川路聖謨の弟)のふたりの全権だった。どちらも生前の正弘に育てられたいわゆる阿部チルドレンである。その直後の6月24日、将軍継嗣は慶福に決まった。「一橋派」

の敗北だった。

井伊直弼は徹底的に「一橋派」に追い討ちを掛ける。7月には斉昭・慶喜・松平慶永らを処分。川路・岩瀬・井上などを役職から追放する。8月、朝廷は幕府の違勅調印・大名処分を難詰する勅定（戊午《ぼご》の勅定）を水戸藩などに下す。

それを引き金にして、全国の尊王攘夷の志士を一斉に捕縛・断罪する大弾圧が断行された。処罰者が100人以上に達する「安政の大獄」である。梅田雲浜《うんぴん》、橋本左内、吉田松陰などが犠牲になった。

「安政の大獄」は、幕末日本にテロリズムの季節を開いたといえる。尊王攘夷の志士は急進化し、一部は過激化して幕府への報復に出た。1860（万延元）年3月3日の「桜田門外の変」で井伊大老が暗殺されたゆえんである。

直弼の横死以後、幕府には屋台骨を支える有力大名が乏しくなった。1862（文久2）年1月、老中が水戸藩士に襲撃される事件（坂下門外の変）が起こってからは、朝幕の力関係は大きく朝廷優位に傾いてゆく。

文久2年はよく《攘夷の年》と呼ばれる。事実、この年には攘夷方針をめぐる薩摩藩の内紛である「寺田屋騒動」（3月）、島津久光警固の薩摩藩士による英人殺傷「生麦事件」（8月）、高杉晋作ら長州藩攘夷派による「英国公使館焼討事件」（12月）などの出来事が相次ぐ。

そうした基調の頂点をなすのは14代将軍家茂（さきの慶福）と孝明天皇の皇妹和子との婚儀（和宮降嫁）であろう。これと引き替えのように幕府は攘夷の勅旨奉承を決定し、攘夷決行の期限を翌年5月10日と公約した。

テロリズムの威圧もあるが、やはり幕府の上層部にも内外の開国要求に応ぜざるをえない現実認識が浸透していった結果であろう。

## ◆攘夷のジレンマ

しかし、本稿のはじめで概括した幕末政治力学――「国内政治勢力間の基本的な構図が《開国派vs.鎖国派》の抗争を主軸とするに至った」と要約したような原理は、底層士が決して地表に出ることがないように、歴史の表面に姿を現すことはない。

「尊皇」を旗印にイデオロギー的に結束して「攘夷」を唱えた政治勢力は、テロ実行要員として運動に参加し、朝廷からは「草莽《そうもう》の志士」、幕府からは「浮浪」と名づけられた前衛層を先頭にだんだん国民的規模に広がっていったが、実際にその背後で隠れた指導性を発揮していたのは、開港して国際交易のルートを確立し、貨幣収益を得ることに大きな利害関係を有する人口集団、さしあたりは薩摩・長州二藩の支配層であった。

この二藩は文久3年に相次いで対外戦争を経験している。まず長州藩は幕命に忠実に5

月10日の攘夷期限に下関で外国船を砲撃し、反撃されて砲台を占拠された。次いで7月、薩摩藩の鹿児島が、生麦事件の報復として英艦隊から攻撃され（薩英戦争）、善戦したが市街を破壊された。彼我の軍事力の優劣は明らかだった。この深刻な体験は、しかし悪いことばかりでなく、ふたつの有益な結果をも後に残した。両藩とも対外戦争の無謀を悟り、海外貿易へと方針を切り換えたのだ。

これ以来、薩長の唱える「攘夷」は幕府の公約不履行を非難する口実となり、倒幕の大義名分に転化した。公然と幕府打倒を目標に掲げる尊王攘夷急進派の突出や、やり過ぎもあった。たとえば「天誅組《てんちゅうぐみ》の乱」（8月）。大和行幸を利用して孝明天皇を拉致《らち》・擁立して攘夷決行を迫る計画だったが失敗。「八月十五日の政変」で長州勢力は京都を追われ、天皇はかえって幕府と協調する「公武合体論」に近づいた。

朝廷は、越前藩前藩主松平慶永、宇和島藩前藩主伊達宗城《だてむねなり》、土佐藩前藩主山内容堂《やまうちようどう》、一橋徳川家当主徳川慶喜ら（のち薩摩藩主の父島津久光も加わる）を招集し、会議として制度化しようとしたが、しょせんは同床異夢であり、長州藩の処分、横浜鎖港をめぐって意見が対立し、1864（元治元）年3月には空中分解してしまう。

しかし慶喜は新設された禁裏御守衛総督《きんりごしゅえいそうとく》・摂海防御指揮《せっかいぼうぎょしき》に就任し、京都守護職松平容保《かたもり》（会津藩主）・京都所司代松平定敬《さだあき》（容保の実弟で桑名藩主）と三者がチームを組んで、当面の中央政治を動かす政治権力を成立させた。いわゆる「一会桑政権《いちかいそう》」である。

それは一方では徳川幕府の守旧派的な鎖国政策を代表せず、他方また、薩長など西国雄藩のホンネである即時開国要求にも従わない、朝幕双方から自立した政権だった。長続きはしなかったが、一時的に強い政治力を持ち、徳川幕府の運命を決した長州征伐を主導したのも一会桑政権であった。

大和行幸の一件で利用されかけた孝明天皇の長州アレルギーも隠れた一因だった。1864(文久4)年1月21日の勅旨では、「朕《ちん》(天皇の自称)の命令を曲解して軽々しく攘夷の令を布告し、理由もないのに外国船を砲撃した。こんな凶暴な輩《やから》は必ず罰さなければならない」(『孝明天皇紀』巻177)と長州藩を名指しで非難している。

慶喜も長州厳罰論の最右翼だった。もし長州の政令違反を放置していたのでは政権は政治権力でなくなる。一度ナメられたらおしまいなのだ。慶喜はどうしてもここで威厳を示さなくてはならなかった。

幕末幕府の終局

# やらなきゃよかった長州征伐

攻撃される長州藩にとって、この「長州征伐」ほど不当きわまる言いがかりはなかったろう。夷狄を攘《う》つ戦いには防長二国挙げての支持があり、大義名分の筋は通り、幕府の定めた攘夷命令に従い、しかも攘夷期限をきちんと守って外国船を攻撃したのだ。それなのに、幕命違反という罪名で討伐の軍勢を差し向ける。これは不条理な戦争以外の何ものでもなかった。

攻撃する側の幕府のほうでもこの戦争に大義が乏しいことは薄々わかっていたから、内部に不一致が多く、なかなか足並みがそろわなかった。それでも第一次長州征伐（１８６４年）に勝った形になったのは、諸大名の間に幕府の威令がまだ通じて動員令一下、総勢15万を称する軍勢が長防二国を海陸からぐるりと包囲したからでもあったが、もうひとつこの内戦の最中に、英・仏・蘭・米の四国連合艦隊が下関に襲来したことも大きく影響していた。

前年の攘夷決行日になされた外国船砲撃の報復である。集結したのは砲２９１門、兵員

5014名という見たこともない大戦力だ。

長州側は弓矢まで使って応戦したが、ライフル銃を装備した外国軍には歯が立たなかった。3日間の戦闘で砲台をすべて占拠され、藩は敗北を認めざるを得なかった。実戦体験ほど人を学ばせるものはない。藩内の攘夷派はぴたりと口を噤《つぐ》んだ。開国派の伊藤博文と井上聞多《もんた》（のちの馨《かおる》）は高杉晋作を全権にして、8月14日に停戦協定（下関協約）を結んだ。その結果成立した和議は事実上下関の自由貿易港化を意味していたから、幕府は苦境に立った。

下関協約は、実質的には長州藩が単独に外国と開港条約を結んだことに等しかった。もはや幕府という外枠は不要なのである。それでも幕府は諸藩の上位機関であるという体面と職分を守るのに懸命だった。

協約は長州藩の専断として否認する一方、四国が償金に請求してきた300万ドルという法外な額は——生麦事件の償金は44万ドルだった——意地でも全部支払うと確約した。公権力のジレンマである。

長州藩ではその後保守恭順派がいったん権力を握り、包囲軍とは一戦も交えずに降伏し、第一次長州征伐は幕府不戦勝の形になった。だが幕府は下関開港を回避するために過酷な負担（臨時の大出費）をやむなくされた。元凶は長州藩だ。幕府内では長州討つべしの声がいよいよ高まった。

本当をいえば、あの跳ねっかえりの長州藩攘夷派がおとなしくなっていたこの時期は、対長州関係のみならず、対朝廷関係でも対外関係でも大きな転機になるはずだった。幕府でもだれひとりとして実行できるとは思っていない攘夷誓約をかなぐり捨てられる絶好のチャンスだったのだ。

全国の攘夷家が精神的な光源にしている孝明天皇でさえ、この年(文久4/元治元年)上洛した将軍家茂に「無謀の征夷は実に朕が好む所に非ず(本当はわたしも無謀な攘夷などやりたくない)」という従来の勅旨からはまったく信じられないような意向を伝えているくらいだ(1月11日)。

外圧が急迫してくるにつれて、天皇も漸進《ぜんしん》主義をとるしかなくなってゆく。本音は攘夷の天皇も、長州藩攘夷専行に対しては「無謀の征夷」と断罪して必罰の姿勢で臨まなければならない。

## ◆こんなはずじゃない負け戦

自己過信ほど人間の判断力を狂わせるものはない。

第一次長州征伐後の「元治」を年号とするわずか1年ほどの歳月は、徳川幕府の短命な多《ユー》幸症《フォリズム》の季節だった。幕府上層部は浮かれていた。諸大名に参勤交代を実行させる。井伊大老亡き後ずっと空席だった大老職を復活させる。老中ふたりが歩兵4大隊（2000人）を引き連れて上京した。狙いは朝廷を牽制するとともに、徳川氏の盛時を復活しようとする勢力――「幕権主義」グループと呼ばれる――が一会桑政権に圧力を加え、あわよくばこれを解体しようとすることにあった。幕府はこの勢いに乗って第二次長征になだれ込もうとしていた。

ところが、ここに予期せぬ事態が発生した。1865（慶応元）年9月26日、英・仏・蘭・米の軍艦9艘が兵庫沖に来航し、①安政通商条約の勅許、②兵庫の開港などを要求して来たのである。この事態は幕府のみならず、すべての政局当事者にとってホンネの試金石になった。

慶喜の立場は微妙だった。一会桑政権の首魁《しゅかい》だとはいっても実際の肩書はまだ禁裏御守衛総督・摂海防禦指揮にすぎず、朝廷と幕府の間で絶妙なバランスを保たなければならない。孝明天皇ですら今や攘夷は本心ではない。

幕府にとっては嫌々守らされてきた公約だった。だれも攘夷鎖国ができると思っていない。それなのに、どの政治勢力も「攘夷」の看板を下ろそうとしない。「攘夷」の理念は現実には倒幕路線の仮面に過ぎなくなっていた。

慶喜が裏でどう動いたかはわからない。ともかく10月5日、孝明天皇は「①安政条約は勅許する、②兵庫開港は不許可」という勅定を発して当面の危機を回避する。もちろん慶喜と打ち合わせの上だった。

幕府が一度承諾しそうになった兵庫開港を取り消し（慶喜自身は兵庫開港に反対ではない。慶応3年12月7日に開港）、一方では薩摩藩の勅許拒絶案をツブし、条約を勅許させて英仏ら四国に貸しをつくる、という具合に慶喜カラーを打ち出す。

こうしておいて翌年1月22日、長州征討の勅定が下る、さあ総攻撃だ、と幕府は色めき立つ。しかし水面下では、幕府の想像をまるで絶する歴史的な提携の動きが進んでいた。有名な薩長密約だ。

同年1月21日、京都薩摩藩邸で西郷隆盛と桂小五郎（のちの木戸《きど》孝允《たかよし》）が土佐藩の坂本竜馬の仲介で会談し、当面する長州戦争だけでなく、将来の計画をも視野に収めた攻守同盟を成立させたのである。

国内外の敵を一身で引き受けた体験は、長州藩に幕府が自分の側ではついにやれなかった——いくら羨んでも余りある——内部改革をさせる結果になった。権力中枢の新陳代謝である。新時代の到来が理解できない指導者は容赦なく入れ替えた。長州藩ではクーデターを起こした高杉晋作らが藩政府を一新し、「開国攘夷」を唱えた。

ちょうどこのころ、西郷隆盛が「わたしの主君（島津久光）は、兵庫の開港そのものには反対ではないが、兵庫をほかの港と同じようなやり方で開くことには反対しています」（坂田精一訳『一外交官の見た明治維新』）とアーネスト・サトウに語ったそうだ。薩摩藩でもお家騒動の外見で新陳代謝クーデター（人事革命）が進行していた。

徳川幕府では、平時の優秀な組織機構がかえって非常時の人事刷新にブレーキを掛けていた。

薩長両藩の密約の効果はすぐに現われた。4月薩摩藩はこの戦には名分（納得できる開戦理由）がないという口実で出兵を拒否してきた。6月には安芸（広島）藩がこれに続いた。戦線にぽっかり穴が開いた。それでも彦根・高田両藩兵が東の芸州口（広島方面）から攻め込んだが緒戦で惨敗した。

薩長密約のおかげで、薩摩藩の斡旋《あっせん》により長州藩がイギリスから大量に買い入れた新式ライフル銃（先込ミニエー銃）が幕軍を圧倒したのである。旧式ゲベール銃（滑腔式《かっこうしき》）の装備では相手に弾丸が届かなかった。西の小倉口（九州方面）、周防《すおう》大島口（四国方面）でも戦況は同じ。幕兵はどうしても長防両国へ踏み込めない。

敗報が相次いでもたらされるさなか、将軍家茂が大坂城で薨去し、慶喜が第15代将軍に就任した。すなわち最後の徳川将軍だ。初仕事は敗戦の後始末だったが、江戸へ復帰してからの慶喜の変貌ぶりはめざましかった。

## ◆最後の将軍がんばる

やがてすぐ倒幕の兵を興す西郷隆盛は、薩摩藩の軍司令官として長州戦争の全経過をじっくり見守っていたが、そのときの感触から、「これなら幕府に勝てると思った」とのちに語っている。「長州二度目の征討の時に目算を立てた。歩兵やかれこれの兵は戦うに足るけれども、その他の兵は眼中に置くに足りぬ。幕府の九、十人に我が兵一人のソロバンを立てて行けるという決心を立てた」(『史談会速記録』第29輯)というのである。さすがは西郷、幕軍の決定的な弱点を誤たず見抜いていた。

幕兵のうち、戦場で物の役に立つのは歩兵隊ぐらいなもので、残りは取るに足らない烏合の衆だ。敵の10人に対してこちらはひとりの割合で充分対抗できると見極めたのである。江戸に帰る暇もなく将軍になった慶喜にも幕府の欠陥はよくわかっていた。そこで一連の大改革が急速に成しとげられるわけだが、その変革期は将軍慶喜を待ち受ける内外情勢の大きな変わり目でもあった。

第一に孝明天皇の崩御(慶応2年12月25日)。天皇の急死は、慶喜とアウンの呼吸で維持されてきた公武合体路線の途絶を意味する。慶喜は京都朝廷で最有力なパートナーを失うことになった。

第二に、孝明天皇の抵抗がなくなったことで容易に実現した兵庫開港の勅許(慶応3年5月25日)。詔書を発したのは明治幼帝である。

兵庫開港問題は、多年先送りされてきた外交と内政の火中の栗だ。背後にあったのは、徳川政権と薩摩藩との経済戦争であり、将来の貿易利益の争奪だ。薩摩藩が「攘夷」の名目のもとに兵庫開港に反対したのも、じつは幕府による関税独占を阻止したかったからであった。諸外国にとっては目指す完全開国の一里塚だったから要求はいよいよ猛烈を極め、いつまでも頬被りしていることはできない勢いだ。

こうなると慶喜の決断は速かった。テキパキ独断で事を運ぶ。まず3月28日、大坂城の大広間でパークス(英)・ロッシュ(仏)らの外国代表と公式に引見した。押し出しは立派なものだった。

当日通訳を務めたアーネスト・サトウは慶喜の印象を「将軍は、私がこれまで見た日本人のなかでもっとも貴族的な容貌をそなえたひとりで、色が白く、前額が秀で、くっきりした鼻つきの立派な紳士であった」(『一外交官の見た明治維新』、坂田精一訳)と記している。みごとな押し出しの上に朗々たる声で各代表に「貴国と取り結びたる条約を完全に履行します」と告げたのだから、外国の反応はよかった。倒幕派側の警戒心はつのった。そして5月24日、徹夜で開かれた御前会議で兵庫開港は勅許された。

兵庫開港の勅許を得たからには、もう遠慮はいらない。幕府は6月6日、「来たる12月7日から、兵庫開港・江戸大坂開市につき、諸国の物産を手広に運輸し、自由に営業を行う」と天下に公布し、兵庫商社を設立した。問題は資本金だ。貿易がはじまって3年経てば関税収入は100万両になると見込み、これを担保に大坂商人から出資者を募り、金札を発行する権限を与えた。徳川幕府が260年間やらなかった紙幣の流通に踏み切ったのである。

思い切った財政改革であった。これだけではない。慶喜は同時に幕府組織の全分野にわたって機構の全面改革に踏み切っているのである。陰にはフランス公使ロッシュの助言があった。

ロッシュは、慶喜に「ナポレオン三世のようにおやりなさい」（『淀稲葉家文書』）と勧め、かなり壮大な国家設計の青写真を吹き込んだのである。

まず、長州敗戦の教訓にかんがみ、兵制を徹底的に改革した。「全軍銃隊令」の原則で、歩兵の一人ひとりが新式洋銃を携帯し、徴募方式も変えられた。全員を給料制の傭兵にして軍事組織を編成替えしたのである。フランスから陸軍士官を招いて、当時最新鋭のシャスポー銃（本込ライフル）を装備した伝習歩兵隊を急遽養成した。

また「六局制」といわれる職制改革にも取りかかった。現行の老中合議制を廃して、中央政府を作り、総裁（大臣にあたる）の下に陸軍・海軍・外務・会計（貿易・物産）・内務・司法の六部局をもって内閣を組織するものである。老中格松平乗謨《のりかた》（田野口藩）が陸軍総裁、同稲葉正巳《まさみ》（館山藩）が海軍総裁になり、老中稲葉正邦（淀藩）が国内事務総裁、同小笠原長行が外国事務総裁、同松平康直（棚倉藩）が会計総裁になった。将軍慶喜自身は大君としてこれに君臨する。

慶喜はこの権力構想に飛びついた。見ちがえるように活気づいて張り切り、幕府を生まれ替わらせるために八面六臂《はちめんろっぴ》の奮闘がはじまる。

倒幕派は虎視眈々と幕府打倒のチャンスを窺《うかが》っている。準備が整う前に幕府をつくり変えねばならない。幕内保守派の抵抗も激しい。時間とのきびしい戦いであった。

このまま順調に行政システムおよび軍隊の近代化が進行していったらどうなるか。幕府の動きは全国の討幕派には不気味だった。「慶喜畏るべし」の声がほうぼうから上がった。

## ◆窮余の一策――大政奉還

大詰めが近づいていた。だれもがこの緊張と対立は、早晩決着を迎えるだろうと予感していた。しかしどうやって？　幕府と倒幕勢力とはたがいに策謀を凝らして勝負にけりをつける機会を探っていた。

長州敗戦で幕府の足元を見た薩長両藩は明確に武力倒幕の方針を固め、慶応3年10月14日、「倒幕の密勅」(慶喜追討令)を下していた。朝議を経ず、天皇の宸裁《しんさい》も得ていない偽勅である。それと同じ日に慶喜から大政奉還の建白が出されたのだ。絶好のタイミングであった。

10月12日、慶喜は二条城に老中以下の諸有司を集めて政権返還の意向を演達し、13日には在京諸藩の重臣に通告、14日に朝廷へ上表と一気呵成《いっきかせい》にこの大転換を断行した。事前に情報が洩れたら収拾がつかなくなるので、事はほぼ独断で運ばれた。側近にも「われに秘策あり」とトップダウン主義で押し通した。

在京家臣はみな慶喜の自信に気圧されて堂々と反論する者はいなかった。強硬な幕権主義グループは遠く離れた江戸にいて、この重大な決定に意見を差し挟めなかった。

大バクチだった。慶喜にはどのくらい目算があったのだろうか。建白書に「政権を朝廷にしたてまつり」とあるように、政権を手放すとは書いているが、次にどのような政体を作るかは白紙である。慶喜の肚は武力討幕を回避するために将軍職という重荷を手放して時間を稼ぎ、自分のペースで政界を再編成することにあった。

慶喜は、みずから手放した幕府に替えて樹立すべき新しい政体――「公議政体」とでも称すべきもの——を構想していた。10月13日、明治になってから啓蒙思想家として有名になる西周《にしあまね》がひそかに二条城に召され、「英国の議院」のことなどの諮問に与《あずか》っている。「議事院」を設置して「上院・下院の制」を敷き、上院に公卿・諸大名、下院に諸藩士を選任するというプランである。

徳川家は将軍を辞職し、委任されていた政権を返上しても、依然として全国3000万石のうち400万石の大大名なのだ。その400万石をバックにして、慶喜自身は上院議長に選出され、天皇を上に戴いて国家首班をめざすというかなりムシのよい胸算用だ。

公議政体派の人事構想には、関白・議定《ぎじょう》・参議の三職を置き、関白に三条実美《さねとみ》、議定に松平春嶽・伊達宗城・山内容堂・島津久光・毛利敬親・鍋島直正、参議に長岡澄之助(細川)・後藤象次郎・三岡八郎(由利公正《ゆりきみまさ》)・横井小楠《しょうなん》・桂小五郎・西郷吉之助を擬していた。それとは別に「内大臣」のポストが用意されており、そこに慶喜を予定していたともいう。

10月24日、慶喜は計算どおり征夷大将軍の辞表を提出した。案にたがわず、摂政関白二条斉敬《なりゆき》は独断では受理できず、「諸藩上京の上、改めて沙汰する。それまでは、万事これまでどおりとする」(『岩倉公実記』)と回答した。

天皇の前での諸侯会議が公式の政治日程に上った。慶喜は、そこで大勢を制して権力闘争に勝つという成算を立てていた。

このサプライズ的な建白はさっそくほうぼうに波紋を広げた。

京都では、慶喜の独走に置き去りにされた会津・桑名両藩はじめ佐幕派諸藩が憤激して、薩摩藩邸攻撃も辞せずと息巻く。

江戸では、10月17日に江戸城で大評定が開かれ、小栗上野介(勘定奉行・陸軍奉行並・海軍奉行並)ら中核官僚が大政奉還に強く反対する。

10月24日、老中格兼陸軍総裁松平乗謨・老中格兼海軍総裁稲葉正巳・大目付滝川具挙《ともあき》などが軍艦順動丸に搭乗してあわただしく下坂する。

さらに10月28日には、若年寄兼陸軍奉行の石川若狭守総管《ふさかね》が、歩・騎・砲三兵を引き連れて軍艦冨士山丸で続く。要するに江戸城の総意は大政奉還に反対であり、西下した人士はみな不平不満を慶喜にぶつけた。天機は洩らすべからず。慶喜は本心を秘して一身でこれに耐えた。

京都の風雲は急を告げていた。慶喜は諸侯会議の開催を待ち望んでいたが、朝廷が諸大名に発した上京命令の反応はかなり鈍く、11月中に上京してきた諸侯は16藩だけだった。会議開催の見込みは立たず、形勢は混沌としてまったく先が読めなかった。

この膠着状態を打開する動きは、薩長を中心とする倒幕派、越前藩の松平春嶽が斡旋し土佐藩の山内容堂が加わった公議政体派のふたつに集約されてゆく。どちらも御前会議を召集させ、諸大名が天皇(明治幼帝)の諮問に答えるという形式に異存はなかった。問題は諸大名のメンバーだ。

倒幕派は、慶喜および会津・桑名両藩主を参加させない御前会議を開催すると定め、12月9日に実行した。これがいわゆる「王政復古クーデター」である。

以上が、江戸時代がもうすぐ幕を閉じようとする終局の概観であり、260年の歴史劇の最終幕を飾る鳥羽伏見の戦いの前夜の状況である。この一戦が開く視界のことは、次の「エピローグ」に委ねることにしよう。

エピローグ

# 鳥羽伏見の誤算

## ●ソフトランディングの夢

1868(慶応4年)1月3日の午後3時ごろ、京都と大坂を結ぶ鳥羽街道で薩摩藩と旧幕府軍先鋒との間に戦端が開かれたとき、大坂城にいた徳川慶喜は何をしていたのだろうか。

戦史にはたとえ負け戦の記録であろうと、一種悲愴な叙事詩性がある。鳥羽伏見の戦いもいきおい4日間の戦闘ばかりに目が向けられて、この一戦もまた、永続する政治史の独特の形態であることが忘れられがちである。

薩摩側は京都の入口にある鳥羽・伏見の地を戦場に

選び、きわめて意図的に慶喜を戦闘に引き込み、相手に戦争という手段を取らざるをえなくした。

対する慶喜側――じつはここで「慶喜は」と主語を一括していえないところに、この一戦の問題点が集中している――は、すべての軍兵が一致した目標を目指しているとはいえなかった。

それどころか、本営と現場兵士、大坂城と前線指揮官の間でも意見がまとまっていなかった。それぞれがめいめい勝手な思惑でこの戦闘をはじめてしまったのである。

大坂城の慶喜が果たして鳥羽伏見で薩摩藩と戦火を交える意図があったかどうかさえ疑わしい。

というのは、この戦がはじまる直前まで両軍の衝突を回避して、慶喜を安泰に京都へ到着させる努力がなされていたことが史料によって明らかだからである。

松平慶永（春嶽）には中根雪江《なかねゆきえ》という参謀格の家臣が

いた。『丁卯日記《ていぼう》』を著してこの時期の公議政体派の活動を克明に記録している。同書によれば、懸命に和平解決策――いわばソフトランディング――を模索する慶永は、前年末の「王政復古クーデター」のあと、新政府の参与になった腹心の雪江を岩倉具視(同じ参与だが当時最強の実力者)邸に派遣し、「①慶喜は入京してすぐ参内する、②参内後すぐ議定にする」というギリギリの妥協案をまとめた。

薩摩藩は強硬だったが、岩倉は動揺していた。この妥協案でまとまるかどうかは、慶喜が単身非武装で上京できるか否かにかかっていた。会桑両藩および江戸から西下してきた幕府主戦派は、薩摩藩と同程度に好戦的であり。武力で決着をつけたがっていた。

## ●幕兵は弾丸を込めていなかった！

雪江は無血解決への一縷《いちる》の望みを抱いて鳥羽街道を大坂へ急いだ。途中、北上してくる旧幕府の軍勢とすれちがう。歩兵たちが整列して勢ぞろいしているのを押し分けて進む。数の多さに心が寒くなる。

気を取り直して足を速め、山崎街道の橋本(現京都府八幡市)にさしかかったときだ。背後から鈍い砲声が響いて来てズシンと腹にこたえた。ソフトランディングの夢が泡と消えた瞬間だった。

このとき聞こえた遠い砲声は、両軍の対峙線で薩摩軍砲兵隊が旧幕軍歩兵の密集隊列に大砲を撃ち込んだ発射音である。砲弾の破裂で歩兵たちは一斉に薙ぎ倒され、算を乱して潰走した。薩摩軍の先制攻撃はみごとに効果的だった。

しかし、じつはこのとき、旧幕歩兵隊は銃に弾丸を込めていなかったという重大な証言がある。「歩兵も銃に玉を込め居《お》かず」(『桑名藩戦記』)と。

別の史料(『村摂記《そんせつき》』)によれば、この歩兵隊は伝習隊であった。最新鋭のシャスポー元込銃を装備していた部隊である。それが肝腎かなめの弾丸装填《そうてん》をしていなかったとは、信じられないほどの失態ではないか。

しかし、思うにこの一点にこそ鳥羽伏見の戦いにつきまとうある種の不可解さを解く鍵がひそんでいはしないか? 日ごろきびしく訓練されている伝習歩兵が弾込めを忘れることはありえない。それなのに当日そうしなかったことは、取りも直さず、はじめから隊士たちが弾丸装填をしないように指示されていたことを意味する。

およそ軍事常識に反するこんな指令を与える権限をもつのは、それなりに高い地位にいる人間でなくてはならない。

おそらく、その人物は徳川慶喜その人以外にはありえないだろう。

## ●食いちがいっぱなしの戦術

慶喜の勝ち目は「軽装で上京せよ」という朝廷の命令を守って京都に入り、談合の席に臨むことしかなかった。そうすれば岩倉の調停案にあったように、王政復古政府の一角に食い込むことも不可能ではなかったろう。情勢はなお微妙に流動的であり、だからこそ薩摩藩は、談合路線ではなく軍事的決着を急いでいたのだ。どうしても旧幕府軍と戦火を交える必要があった。

明治になってからの慶喜は、鳥羽街道での衝突を「先供《さきとも》の者」と薩摩藩との「行きちがい」（ともに『徳川慶喜公伝・史料編』）から生じた偶発事だったと釈明している。これは助命嘆願のための弁解ではあるが、また真実をも語っているのではないか。

慶喜は正直そこでドンパチする気はなかった。しかし薩摩藩はとことんやる気だった。「道を通せ」「通さぬ」の押し問答が決裂し次第、そのタイミングで発砲せよ、と兵士にあらかじめ言い含めてあったのである。だが、弾丸を撃ちかけられて応射しない軍勢があるだろうか。ましてや「弾丸を込めるな」と指示を受けていない他藩がおとなしく引き下がるわけはない。現場では戦場の論理が動き出す。

緒戦で虚を衝かれて混乱した兵勢をすぐに盛り返したのは桑名藩砲兵隊だった。旧幕軍は一方的・全面的に敗退したのではない。随所で奮闘し善戦して薩軍を押し戻しているのだが、旧幕軍の殊勲はイコール慶喜の計算から外れることになる。勝負ははじめから終わりまで食いちがいっぱなしだった。

大坂城の慶喜は予想外の事の成り行きにあわてふためいていた。それには目撃証言がある。

当時、慶喜の小姓を務めていた村山摂津守鎮《まもる》という人物の談話筆記『村摂記』は、1月3日の夜、鳥羽伏見の戦況を急報された慶喜の反応をこう伝えている。慶喜は非常に驚いて、老中・若年寄・会桑両藩主・有司諸役人などを集め、「戦争になるのはわが素志にもとる。すぐ先供の兵隊を引き揚げさせよ」と命じたそうだ。

慶喜はこの「素志」どおり徹頭徹尾「軽装入京」の戦術をつらぬくのなら、ただちに鳥羽伏見の前線兵を回頭させ、後方に退かせて、再度「軽装入京」の機会を待つべきだった。

しかし、その方針を貫徹させるだけの威令はもうなかった。前線の指揮官は引き揚げ命令を無視して意地でも戦闘を継続しようとする。指揮系統にも混乱が生じた。

こうして鳥羽・伏見両街道を攻め下る「官軍」——1月5日から薩摩軍およびその同盟軍には「慶喜征討令」が下った——淀で合流し、たちまち大坂に迫った。

譜代藩の彦根藩が官軍に寝返って橋本陣地を砲撃し、淀藩(このときの藩主は幕末人事で国内事務総裁になった稲葉正邦)の城代は退却する旧幕府軍の入城を拒絶した。もはや敗戦は避けられず、ついに慶喜は大坂城を撤収する。

慶喜が実行に移す機会を与えられず、歴史のゴミ箱に放り込まれた「秘策」とは、いったいどんな構想だったのだろうか。ただ家臣に希望を与えるための思いつきにすぎないのかもしれない。

慶喜は沈黙したきりで過去の人になったので、いまだにそれは未知数のままだ。しかしそこには少くとも、幕末日本で模索されていた将来あるべき国家像のなかで「公議」を制度化した政体のイメージが浮かび上がっていたことだけは事実である。

# 参考文献

『朝日日本歴史人物事典』（朝日新聞出版）
『安政江戸地震』野口武彦（筑摩書房）
『異形の維新史』野口武彦（草思社）
『井伊直弼』母利美和（吉川弘文館）
『岩瀬忠震―日本を開国させた外交家』松岡英夫（中央公論社）
『裏も表もわかる日本史　幕末・維新編』河合敦（実業之日本社）
『江戸の兵学思想』野口武彦（中央公論社）
『江戸は燃えているか』野口武彦（文藝春秋）
『江戸早わかり事典』花田富二夫（小学館）
『江戸東京物語』（新潮社）
『江戸幕府と朝廷』高埜和彦（山川出版社）
『江戸幕府の権力構造』北島正元（岩波書店）
『江戸幕府崩壊』家近良樹（講談社）
『江戸幕府崩壊論』藤野保（塙書房）
『お江戸の役人面白なんでも事典』中江克己（ＰＨＰ研究所）
『大江戸曲者列伝・幕末の巻』野口武彦（新潮社）
『大久保一翁　最後の幕臣』松岡英夫（中央公論新社）

『大給恒と赤十字』北野進（銀河書房）
『小笠原壱岐守長行』小笠原壱岐守長行編集会編（小笠原壱岐守長行編集会）
『小栗上野介忠順と幕末維新』高橋敏（岩波書店）
『オランダ風説書－「鎖国」日本に語られた「世界」』松方冬子（中央公論新社）
『海外情報からみる東アジア　唐船風説書の世界』松浦章（清文堂出版）
『勝海舟全集⑫⑬海軍歴史』勝海舟（勁草書房）
『海舟余波　わが読史余滴』江藤淳（文藝春秋）
『格差と序列の日本史』山本博文（新潮社）
『勝海舟を動かした男大久保一翁　徳川幕府最大の頭脳』古川愛哲（グラフ社）
『官僚川路聖謨の生涯』佐藤雅美（文藝春秋）
『君はトミー・ポルカを聴いたか』赤塚行雄（風媒社）
『巨人伝説』野口武彦（講談社）
『京都守護職始末：旧会津藩老臣の手記1』山川浩・遠山茂樹 校注・金子光晴訳（平凡社）
『教科書には載っていない幕末の大誤解』熊谷充晃（彩図社）
『近世日本の海外情報』岩下哲典・真栄平房昭編（岩田書院）
『近代日本の勝者と敗者』大石学（吉川弘文館）
『栗本鋤雲─大節を堅持した亡国の遺臣』小野寺龍太（ミネルヴァ書房）
『黒船以降』中村彰彦・山内昌之（中央公論新社）

『黒船がやってきた』岩田みゆき（吉川弘文館）
『古賀謹一郎』小野寺龍太（ミネルヴァ書房）
『五稜郭築造と箱館戦争』（市立函館博物館）
『佐幕派史談』長谷川伸（中央公論新社）
『最後の幕閣』徳川宗英（講談社）
『最後の幕臣 小説大久保一翁』野村敏雄（ＰＨＰ研究所）
『最後の幕府閣僚』徳川宗英（講談社）
『サムライ異文化交渉史』御手洗昭治（ゆまに書房）
『嫉妬の世界史』山内昌之（新潮新）
『週刊 江戸』（デアゴスティーニ）
『新装　水戸の斉昭』瀬谷義彦（茨城新聞社）
『図解！「日本の戦い方」』「大人のための歴史」研究会（三笠書房）
『図解詳説　幕末・戊辰戦争』金子常規（中央公論新社）
『戦争の日本史18　戊辰戦争』保谷徹（吉川弘文館）
『続　新選組史料集』新人物往来社編（新人物往来社）
『「その後」のお殿様』山本博文（実業之日本社）
『大砲から見た幕末・明治　近代化と鋳造技術』中江秀雄（法政大学出版局）
『タウンゼント・ハリスと堀田正睦――日米友好関係史の一局面』河村望（人間の科学新社）

『唯今戦争始め候。明治十年のスクープ合戦』ファン・ミンギ（洋泉社）
『朝鮮通信使を読み直す：「鎖国」史観を越えて』仲尾宏（明石書店）
『東京湾台場』石田進（批評社）
『徳川政権と万国対峙』（『講座 明治維新2』）奈良勝司（有志舎）
『鳥羽伏見の戦い』野口武彦（中央公論新社）
『永井尚志―皇国のため徳川家のため―』高村直助（ミネルヴァ書房）
『長崎唐人屋敷の謎』横山宏章（集英社）
『長崎奉行の歴史』木村直樹（ＫＡＤＯＫＡＷＡ）
『南柯紀行』大鳥圭介（新人物往来社）
『日本外交史 外交と権力』北岡伸（有斐閣）
『幕臣たちの明治維新』安藤優一郎（講談社）
『幕府衰亡論』福地源一郎（平凡社）
『幕府歩兵隊』野口武彦（中央公論新社）
『幕末維新と松平春嶽』三上一夫（吉川弘文館）
『幕末維新なるほど人物辞典』泉秀樹（ＰＨＰ研究所）
『幕末維新に学ぶ現在』山内昌之（中央公論新社）
『幕末維新に学ぶ現在２』山内昌之（中央公論新社）
『幕末外交と開国』加藤祐三（講談社）

『幕末気分』野口武彦（講談社）
『幕末遣欧使節団』宮永孝（講談社）
『幕末諸隊100選』栗原隆一（秋田書店）
『幕末政治家』福地桜痴著、佐々木潤之介校注（岩波書店）
『幕末テクノクラートの群像』（改訂版）矢野武（文芸社）
『幕末に於ける我海軍と和蘭』（海軍有終会）
『幕末ニッポン』（角川春樹事務所）
『幕末日本とフランス外交』鳴岩宗三（創元社）
『幕末の海防戦略』上白石実（吉川弘文館）
『幕末の三舟 海舟・鉄舟・泥舟の生きかた』松本健一（講談社）
『幕末の知られざる巨人　江川英龍』江川文庫・橋本敬之（KADOKAWA）
『幕末バトル・ロワイヤル』野口武彦（新潮社）
『幕末パノラマ館』野口武彦（新人物往来社）
『函館五稜郭物語』河合敦（光人社）
『箱館戦争資料集』須藤隆仙編（新人物往来社）
『「蛮社の獄」のすべて』田中弘之（吉川弘文館）
『人とあるく 勝海舟と江戸東京』樋口雄彦（吉川弘文館）
『武器と防具幕末編』幕末軍事史研究会（新紀元社）

『武士の町　大坂「天下台所の侍たち」』藪田實（中央公論新社）
『文久の軍制改革と旗本知行徴発兵賦』飯島章（吉川弘文館）
『別冊歴史読本特別増刊号　戊辰戦争』（新人物往来社）
『戊辰戦争』保谷徹（吉川弘文館）
『北国戦争概略衝鋒隊之記』今井信郎（新人物往来社）
『松平春嶽』川端太平（吉川弘文館人物叢書）
『松平定敬のすべて』（新人物往来社）
『松平容保のすべて』綱淵謙錠編（新人物往来社）
『水野忠邦 政治改革にかけた金権老中』藤田覚（東洋経済新報社）
『揺籃時代の日本海軍』（海軍有終会）
『よくわかる幕末維新ものしり辞典』（主婦と生活社）
『慶喜のカリスマ』野口武彦（講談社）
『落日の宴－勘定奉行川路聖謨』吉村昭（講談社）
『歴史群像シリーズ74　幕末大全』上下巻（学習研究社）

○ＷＥＢサイト
　みえきた市民活動センター
　彦根市、洲本市

著・監修者

野口武彦（のぐち　たけひこ）
1937年東京生まれ。作家、文芸評論家、神戸大学名誉教授。早稲田大学第一文学部卒業、東京大学大学院博士課程中退。ハーバード大学イエンチン研究所客員研究員、プリンストン大学極東言語学部客員教授、ブリティシュ・コロンビア大学アジア学部客員教授を歴任。著書に『慶喜のカリスマ』（講談社）、『幕末バトル・ロワイヤル』（新潮新書）、『鳥羽伏見の戦い』『幕府歩兵隊』（以上、中公新書）など多数ある。

※本書は書き下ろしオリジナルです。


じっぴコンパクト新書　333

# 消《け》し去《さ》られた江戸《えど》幕末《ばくまつ》史《し》と明治《めいじ》維新《いしん》
# ほんとはものすごい幕末《ばくまつ》幕府《ばくふ》

2017年11月15日　初版第1刷発行

著・監修者……………野口武彦
編著者…………………造事務所
発行者…………………岩野裕一
発行所…………………株式会社実業之日本社
〒153-0044　東京都目黒区大橋 1-5-1 クロスエアタワー8階
電話(編集)03-6809-0452
　　(販売)03-6809-0495
http://www.j-n.co.jp/
印刷所…………………大日本印刷株式会社
製本所…………………大日本印刷株式会社




ISBN978-4-408-33744-9(第一趣味)